本书为"北京市属高等学校人才强教深化计划中青年骨干项目"
（项目编号：PHR201108427）的部分研究成果，
并得到兰州大学"中央高校基本科研业务费专项资金"
（项目编号：2020jbkyjd003）的经费资助出版。

"人大学"与思政课一体化建设机制探究

周长鲜◎著

九州出版社 | 全国百佳图书出版单位

图书在版编目（CIP）数据

"人大学"与思政课一体化建设机制探究 / 周长鲜著. -- 北京：九州出版社，2022.7
ISBN 978-7-5225-1068-2

Ⅰ. ①人… Ⅱ. ①周… Ⅲ. ①高等学校－思想政治教育－教学研究－中国 Ⅳ. ①G641

中国版本图书馆CIP数据核字(2022)第135608号

"人大学"与思政课一体化建设机制探究

作　　者	周长鲜　著
责任编辑	郝军启
出版发行	九州出版社
地　　址	北京市西城区阜外大街甲 35 号（100037）
发行电话	(010)68992190/3/5/6
网　　址	www.jiuzhoupress.com
印　　刷	北京九州迅驰传媒文化有限公司
开　　本	720 毫米×1020 毫米　16 开
印　　张	9.5
字　　数	160 千字
版　　次	2023 年 3 月第 1 版
印　　次	2023 年 3 月第 1 次印刷
书　　号	ISBN 978-7-5225-1068-2
定　　价	52.00 元

★版权所有　侵权必究★

目 录

绪 论 ……………………………………………………………………… 1

第一章 我国人民代表大会制度教研的现状 …………………………… 7
- 第一节 人民代表大会制度在各层次教育中的基本情况 …………… 8
- 第二节 中外学界关于人大制度的研究力量概况 …………………… 12

第二章 促进"人大学"学科化建设的现实必要性 …………………… 16
- 第一节 人大制度教学与研究的现实需要 …………………………… 17
- 第二节 地方人大工作法治化的要求 ………………………………… 21
- 第三节 地方人大工作创新发展的要求 ……………………………… 26
- 第四节 促进世界政治文明建设 ……………………………………… 28

第三章 设立"人大学"学科的可行性探讨 …………………………… 31
- 第一节 设立"人大学"的早期理论探索 …………………………… 32
- 第二节 高校人大研究机构建设的先期探索 ………………………… 38
- 第三节 各地人大制度理论研究会建设的基本情况 ………………… 45
- 第四节 "人大学"学科化建设的主要资源 ………………………… 48

第四章 "人大学"学科化建设有待解决的主要问题 ………………… 54
- 第一节 "人大学"的学科性质和定位 ……………………………… 55
- 第二节 "人大学"的学科名称界定 ………………………………… 59
- 第三节 学科归属和边界定位 ………………………………………… 62
- 第四节 学科研究对象的界定 ………………………………………… 66

第五章 "人大学"学科建设的教学实践设计 … 70
第一节 实践教学设计的基本原则 … 70
第二节 人大制度教学实践设计的主要内容 … 73
第三节 实践教学的主要对象 … 75
第四节 加强"人大学"学科体系化建设的主要路径 … 77

第六章 健全完善人大代表培训与研修体系 … 82
第一节 建立人大代表培训教育机制的必要性 … 83
第二节 健全完善人大代表培训与研修的教育体系 … 86
第三节 人大代表培训与研修长效机制的建构 … 90

附录 "人大学"研究的前期相关成果 … 93
人大学是一门独立的社会科学 … 93
倡议确立"人大学" … 96
当前人大学首要的是完善人民代表大会制度的研究 … 98
关于创建人大学的几点浅见 … 102
关于创立中国人大学的设想 … 105
关于建立人大学的若干思考 … 113
关于开展人大学研究的几点思考 … 116
积极建设人大学 … 119
简议建立人大学的必要性 … 122
建立人大建设学是非常必要的 … 124
建立人大学的几个断想 … 126
人大学的研究方法 … 129
人大学与人大期刊的走向 … 131
人大学学科建设之我见 … 133
人大研究应成为一门独立的学科 … 136
实践呼唤"人大学" … 138

参考文献 … 140

绪　论

中国特色社会主义根本制度、基本制度、重要制度，是对党和国家各方面事业作出的制度安排。我们无论是编制发展规划、推进法治建设、制定政策措施，还是部署各项工作，都要遵循这些制度，不能有任何偏差。[①]

——习近平

人民代表大会制度是我国的根本政治制度。这种根本性，不仅因为人民代表大会制度是我们国家政治力量的源泉，而且也是我国各种国家制度的源泉。在世界百年未有之大变局时期，人民代表大会制度作为国家的政权组织形式，在知识生产力发展的历史新时期，特别是随着全国和地方人大工作的持续深入推进，如何对国家14亿多人进行思政教育并不断增强国家凝聚力，如何以科学的态度对人民代表大会制度的理论和实践进行研究拓深，以及如何基于国家的根本政治制度而深入推进课程思政建设，成为新时期中国特色社会主义现代化建设需要研究的重要课题。

一、研究背景

我们党历来重视思政课建设。在革命、建设、改革各个历史时期，我们党对思政课建设都做出过重要部署。[②] 历史发展表明，理论上的成熟是政治上坚定的基础，理论上的发展创新是行动上开拓前进的前提。当人们已经意识到，实践的发展需要对某一特定领域进行系统的、深入的、科学的理论研究时，一门新学科的创建便成为必要。在国家治理体系和治理能力建设的新时期，我国社会主义政治文明建设正出现向多学科化发展的新趋势，除了人工智能与大数据、电子政务等

[①] 习近平:《习近平谈治国理政（第三卷）》，外文出版社，2017年，第126页。
[②] 习近平:《思政课是落实立德树人根本任务的关键课程》，《内蒙古宣传思想文化工作》，2020年第10期。

新兴学科的拓展,马克思主义中国化也在学科建设中取得了丰硕的成果,对国家意识形态的教育发展发挥了积极的推动作用,尤其是思政课程在高等教育中的普及化开设,使国家根本政治制度的讲学成为现代高等教育中的重要组成部分。

在党的十八届三中全会上,习近平总书记明确提出,要加强中国特色新型智库建设,建立健全决策咨询制度。[①]这对各方面各领域的理论研究和决策咨询工作提出了新要求。2014年1月7日,中国人民代表大会理论研究会成立。张德江委员长在成立会上进一步强调了加强人民代表大会制度理论研究的极端重要性:人民代表大会制度理论研究会的成立,应当在加强理论研究的基础上提升决策咨询能力和水平,努力按照中国特色新型智库的方向发展,成为人大工作的智囊团,为坚持和完善人民代表大会制度、推动人民代表大会制度与时俱进、做好新形势下人大工作提供决策咨询和智力支撑。[②]

2021年10月,中央召开首次人大工作会议,对如何坚持和完善人民代表大会制度,习近平总书记在会议上发表了重要讲话。讲话指出,在新的历史时期,坚持好、完善好、发展好人民代表大会制度,就是发展全过程人民民主,就是支持和保障人民当家作主。[③]当今世界正经历百年未有之大变局,制度竞争是综合国力竞争的重要方面,制度优势是一个国家赢得战略主动的重要优势。显然,这也对新时期的人大制度理论与实践工作提出了新的更高的要求。

二、研究内容与主要目标

毛泽东在《矛盾论》中指出:"科学研究的区分,就是根据科学对象所具有的特殊的矛盾性。因此,对于某一现象的领域所特有的某一种矛盾的研究,就构成了某一门科学的对象。"[④]作为国家的根本政治制度,如何凸显人民代表大会制度在国家思政课程建设中的重要性和地位,这不仅是当前思政课程建设亟待解决的体系设计问题,也是如何推进思政课程一体化建设的重要内容,更是培养社会主义现代化建设者和接班人的重要任务。

---

① 习近平:《切实把思想统一到党的十八届三中全会精神上来》,《求是》,2014年第1期。

② 张德江:《充分发挥人民代表大会制度的根本政治制度作用——在庆祝全国人民代表大会成立60周年理论研讨会上的讲话》,《中国人大》,2014年第18期。

③ 杨维汉、罗沙:《首次召开的中央人大工作会议,总书记强调这些大事》,《中国人大》,2021年第20期。

④ 《毛泽东选集》第1卷,北京:人民出版社,1991年,第309页。

(一) 研究的主要内容

从"人大学"的学科建立及其实践探索来看，如果不能及时有效解决当前开展人大学研究的前沿问题，是不可能创立人大学并开展学科体系化建设的。对此，在人民代表大会制度的学科化和体系化建构过程中，还需以课堂思政教学实践为平台，以人民代表大会制度的相关学术研究为支撑，以全国和地方各级人大及其常委会的实践需求为导向，在总结、概括前辈对于"人大学"的重要理论探索的基础上，进一步探索关于"人大学"与我国政治社会生活密切相关的准学科教学方法、教学定位与教学模式，并在课堂思政教学的实践中检验和矫正假设模式的合理性和可操作性。在此基础上，进一步探讨关于学科建设、招生就业、社会服务等前沿问题。

(二) 研究的主要目标

一般来讲，一门新学科的建立需要满足三个基础条件：(1) 有独立的研究对象；(2) 这门学科中的基本概念、基本理论已经基本廓清；(3) 从事这门学科研究的人员达到了一定的质和量的积累。本项目研究的主要目标，就是全面系统地探讨"人大学"是否以及如何能够满足成为一门新学科的基础条件要求的。首先，从研究对象来看，需要对人民代表大会制度进行专门研究。我国的人民代表大会（简称人大）是代议机构的一种，但又与其他国家的代议机构存在天壤之别。概言之，人民代表大会制度是具有中国特色的全新政治制度，这个研究对象是具有相对独立性的。其次，从研究范畴来看，需要对人民代表大会制度拓深新的研究视角。多年以来，有关人民代表大会制度的研究基本上是从宪法学的视角展开的。一方面，宪法作为国家的根本大法，包括政治、经济、文化、社会等多方面的内容，有关人民代表大会的内容只是其中的一部分。另一方面，宪法学作为法学的一个分支学科，主要是从法律条文的角度对人民代表大会进行研究，而人民代表大会制度的运行是与实践的发展密不可分的，因而仅从宪法学的视野对人民代表大会进行研究存在很大的局限性，难以展开全面深入的系统研究。因此，有必要将有关人民代表大会的研究从宪法学中独立出来，专门建立以人民代表大会为研究对象的"人大学"。最后，从研究积累来看，人民代表大会制度已有一些基础的质与量的积累。自1954年人民代表大会制度设立以来，特别是党的十一届三中全会以来，有关人民代表大会的实践工作和理论研究都取得了一些突破性进展，大量的论文和学术专著问世，并形成了一支由人大常委会机关工作人员和高校、社科院、党校等系统的法学、政治学研究人员组成的素质较高的研究队伍。显然，若用以上标准衡量，在高等院校探索建立"人大学"及其实践教学已具备一定的基础，值得进一步深入系统研究。

三、拟解决的关键问题

当前，全球正在进行着新一轮的产业结构调整和世界秩序重构，新兴高科技的迅猛进步，为高等教育学科建设的发展提供了机遇。任何一次技术进步都有可能在其相关领域创造一些新的学科增长点，形成新的学科专业群。自2011年来，国务院学位办几乎每年都会发布新学科目录，增加和调整一些一级学科和门类。同时，教育部制定的高等学校创新能力提升计划，也会为高等教育学科动态化建设和管理提出新的挑战和要求。自党的十八大以来，党中央一再强调思政课的任务是传导主流意识形态。要挖掘其他课程和教学方式中蕴含的思想政治教育资源，实现全员全程全方位育人。[①]因此，如何充分发挥人民代表大会制度在思政课教学体系中的关键作用，这成为新时代课程思政建设需要解决的重要问题。

实践证明，我国人民代表大会制度符合中国国情和实际，有利于保证人民当家作主，有利于保证我们党的执政地位和我国的社会主义制度，有利于凝聚全国各族人民的智慧和力量共同建设中国特色社会主义。然而，这些成就的取得并不是一蹴而就的，而是经历了一个不断摸索取得进步的过程。如何从政治性和学理性相统一的视角对人民代表大会制度建设中所取得的一些宝贵经验进行及时总结和理论化的提升，还需要从课程思政学科建设的高度进行全面系统的总结与提升。对此，仍需探讨解决一些基本的关键问题：

- 如何明确国家根本政治制度在思政课一体化教学中的地位和作用发挥
- 建立新学科的必要性与可行性
- 如何确定新学科的教学体系框架和教学特色
- 如何确定以国家根本政治制度为新学科的研究对象和研究范围
- 如何确定新学科与其他相关学科之间的科际边界关系

具体而言，要建立一门研究人民代表大会制度的新学科，需要解决学科建构中的一系列问题。首先，如何精确地确定这门学科的名称？目前，有学者和实践界人士提出了"人大制度学""人大学""人大研究""人民代表大会制度"等不同

[①] 习近平：《思政课是落实立德树人根本任务的关键课程》，《内蒙古宣传思想文化工作》，2020年第10期。

提法，还有待于进一步深入探讨予以统一规范。其次，"人大学"学科性质问题。"人大学"与政治学有着密切的联系。人民代表大会是我国的国家机构之一，人民代表大会制度是我国的根本政治制度。那么，"人大学"能否作为隶属于政治学的二级学科呢？第三，"人大学"学科体系问题。从高校课程设置的角度来看，"人大学"是由多方面内容组成的一门学科，如"人民代表大会原理""人民代表大会史""人大立法学""人大监督学""人大选举制度"等。

四、研究理念与技术路线

立足于实践的发展并对实践予以理论升华和实践回归，这是人文社会科学研究的重要出发点和落脚点。从实践运行来看，全国地方各级政权机构都设置有相应的人大及其常委会。随着现代社会知识生产力的深入广泛发展，各级人大及其常委会工作的专门性和科学性进一步增强，使"人大学"的研究具有很强的实践应用和可操作性。尤其各级人大常委会运行机制的日趋成熟，使项目的研究可以比较方便地进行资料查找、人员访谈、会议研讨、案例分析和实地调研，这可为项目的顺利开展提供重要保证。

目前，在高等教育中，关于人民代表大会制度的知识内容主要是在法学（宪法学）和政治学中，实际上并不是以某一种科学技术方法为基础，而是由多种学科进行的"组合"，并在与中国国情相结合的实践土壤中成长起来的。对人大学的研究，不但要借鉴法学、政治学这些传统意义上的学科方法理论来提高本学科理论与方法的综合性、分析性，而且要在与实践结合和以"应用"为导向的基础上，厘清人大学与传统法学、政治学相区别的"亲实践"特性，以及在高等教育教学中的核心竞争力和价值取向。

大致来讲，项目研究的初步技术路线包括以下几个部分：第一，人大学的研究现状分析。在这部分，将回顾20世纪90年代以来对于建立人大学的一些学术科研成果的分析，以及对建立人大学的一些实践探讨案例的分析和总结；第二，人大学在高等教育体系中确立的可行性分析。在这部分，将从现行大学学科体系的设立及其科学性为出发点，探讨人大学成为学科专业需要满足的技术条件、学科名称的具体规范、学科性质和学科体系的设立问题。第三，人大学学科设立的社会效益分析。从微观层面来看，主要是对接受学科学习的个人的知识结构、技能掌握和职业前景所产生的影响；从中观层面来说，主要是对高等教育的生源、学生培养方法与就业导向所产生的影响；从宏观层面来看，主要是对我国人民代表大会制度和国家民主政治建设所产生的积极影响。

五、研究的社会与经济效益

自20世纪90年代以来,关于设立和完善"人大学"(以人民代表大会及其制度为主要内容的知识学科)的理论研究和实践探索不断升级,逐渐成为各高等院校进行学科建设的整合、优化和创新中所备受关注的焦点之一。尤其是随着市场经济体制的纵深发展,一些基于社会实践需求所产生的新专业(如广告学、人力资源、物流、旅游和食品科学等)的确立和发展,极大地增强了高等院校对于人才培养的社会适应能力。因而,在经过60多年理论和实践探索的基础上,从教学实践的角度进一步深化对于这门新学科——"人大学"的探索,具有重要的理论和实践价值。

根据课程思政一体化建设的要求,"人大学"的探讨和建立,不仅可以填补学科空白,拓宽高等教育人才培养的途径,深化"人大学"研究的内容,而且有利于促进人民代表大会制度在人才培养和国家治理体系中的积极作用发挥。在2005年,国务院发表的《中国的民主政治建设》白皮书就指出,我国各级人民代表大会代表已达280多万人。虽然各级人大代表来自各民族、各行业、各阶层、各党派,具有广泛的代表性,但由于兼职代表制的体制所限,对人大代表的培训和理论提升已是国家民主政治建设中不可或缺的重要内容。

总的来看,尽管在1954年,我国就确立了人民代表大会制度(以下简称"人大制度"),人民在法律上就已成为国家政治生活的主人。但在实践中,由于受几千年封建专制统治的影响,广大人民及其代表对如何按照民主规则组织与建立国家政权机构等法定权利的行使等问题,在思想认识和实践操作中都还存有诸多疑虑。随着社会主义民主政治建设的推进,还需通过思政课程一体化建设全面加强对国家根本政治制度的深刻认识和把握。

第一章　我国人民代表大会制度教研的现状

在我们看来，一个国家的力量在于群众的觉悟。只有当群众知道一切，能判断一切，并自觉地去从事一切的时候，国家才有力量。[①]

——列宁

从制度设计的角度来看，人民代表大会制度在我国的政治体系中居于根本的政治地位。但是，从制度运作的实效看，人民代表大会制度在整个国家政治生活中的地位和作用的发挥，还与宪法和法律所设定的目标之间具有较大的落差。究其原因，人民代表大会制度的基础教学内容呈现多年固化态势，学界对人民代表大会制度的理论研究的重视和支持不够，这既对国家根本政治制度的教育深化提出了要求，也对新时代课程思政教育的深入推进提出了较高的要求。对此，如能从我国社会主义民主政治生活的现实需要出发，通过课程思政建设的深入推进而调动教学和科研的双重力量，进一步探索如何将人大培训类的即时教育延伸为常规教育乃至发展为职业教育而成为终身教育的一部分，将为促进我国社会主义民主政治制度的全面长效发展而提供切实的路径。

---

① 列宁：《列宁全集》，北京：人民出版社，2017年，第2版，第33卷，第16页。

第一节　人民代表大会制度在各层次教育中的基本情况

在各级人民代表会议中，必须使一切民主阶层，包括工人、农民、独立劳动者、自由职业者、知识分子、民族工商业者以及开明绅士，尽可能地都有他们的代表参加进去。当然不是勉强凑数，而是要分别有市镇的农村和没有市镇的农村，分别市镇的大小，分别城市和农村，自然地而不是勉强地实现这个联合一切民主阶层的任务。①

——毛泽东

人民代表大会制度是我国的根本政治制度。尽管在 1954 年人民代表大会制度确立后，中国人民就在法律上已成为国家政治生活的主人翁。②但在实践中，由于受几千年封建专制统治的影响，加上人民代表大会制度教育体系的匮乏，广大中国人民对如何按照自己意愿组织与建立国家政权机构、如何决策国家重大事项的权利行使等问题，在思想认识和实践操作中还有许多困惑和迷茫。随着依法治国基本方略的实施和社会主义政治文明建设的加强，无论是人民代表大会制度的内在规律，还是社会发展的客观现实，都迫切要求加强人民代表大会制度的基础教学和科学研究。

目前，我国并没有设置人民代表大会制度的专业课程教学体系，人民代表大会制度学尚未成为法定学科。虽在实践教育教学中已有一些刚性需求，但由于没有制度化的规范，实践教学中的随意性和差异化也很大，表现出教学内容不平衡、教学层次不一致等问题。从教学对象的不同层次来说，在中小学和高校非专业课程教学中，对人民代表大会制度的教育教学主要是作为概念性的介绍；在研究生教育教学层次，虽然"人大学"学科体系未经法定确立，但人民代表大会制度已被作为一个可选择的研究方向，已有连年持续的硕士和博士研究论文；在高级干部研修和培训层次，如在中共中央党校和各级党校系统中，人民代表大会制度的培训教育已被逐步纳入教学体系，具有相对固定的学习群体、学习内容和学习机

---

① 《毛泽东选集》(第四卷)，北京：人民出版社，1991 年，第 1309 页。
② 江泽民：《江泽民文选》(第一卷)，北京：人民出版社，2006 年，第 156 页。

制，并向专业选修课方向不断拓深。

一、中小学对人大基本知识的教学状况

对个人政治素养和集体爱国主义的教育，一直是人才培养的重要目标之一。进入 21 世纪以来，《国务院关于基础教育改革与发展的决定》（国发 [2001]21 号）对新课程的培养目标做了较明确的规定：要求学生具有爱国主义精神、集体主义精神、热爱社会主义、继承和发扬中华民族的优良传统和革命传统，具有社会主义民主法律意识，遵守国家法律和社会公德。但长时期以来，在中小学基础教学中，人民代表大会制度内容的教学仅是政治课教学中的一个章节，而政治课往往被简单地理解为说教课、背诵课。其中的理论知识点，对人民代表大会制度理论的涉及比较抽象，且往往缺乏鲜活的人大工作案例，很难被学生所理解，在某种程度上造成教学资源的浪费。

可以说，目前的政治课（包括人民代表大会制度）的教学模式面临着极大的挑战，这种挑战同时也是机遇，还需广大教学工作者认真把握。[①] 如，沈阳试行中小学人大代表的实践开展，本身就可成为中小学政治课堂思政教学的现实素材。当然，这种案例还有很多。如何研究和落实以人民代表大会制度为实践导引的教学方法，将是实践教学为人民代表大会制度的发展所提出的一个具有积极价值的重大课题，无疑是推动政治课教学改革的一个有效着力点。

二、高校对人大制度的教学状况

目前，在我国高等教育中，关于人民代表大会制度的知识内容主要是在法学（宪法学）和政治学中，实际上并不是以某一学科为基础，而是由多种学科形成的"组合"，并在与中国国情相结合的实践土壤中成长起来的。对于高等教育与人民代表大会制度的进一步互动发展而言，第一个必须回答的问题，就是要不要建立人大学这门学科，如何建立这门学科。具体来说，宪法学虽对人民代表大会制度进行了论述，但仅是其中的一部分，难以涉及人民代表大会制度自身的理论和实践。而政治学对政治制度的研究也只是从国家政治体制的角度进行分析，难以涵涉人民代表大会制度理论的全部。

在具体的课程教学中，有关人民代表大会制度相关知识的讲授一般是非常有

---

① 《沈阳选出 6 名中小学生代表，旁听人大会议》[N]. 腾讯教育网：http://edu.qq.com/a/20060222/000055.html，2010 年 4 月 17 日。

限的。对于许多理工科院校的学生来说，主要是在有关选修课中学习的。如，《毛泽东思想和中国特色社会主义理论体系概论》课程的第九章"建设中国特色社会主义政治"第一节"中国特色的社会主义民主政治"中的讲授。而同学们对于人民代表大会制度这部分内容的学习时间仅为10分钟左右。[①] 教学效果如何呢？为此，课题组进行了一个首都大学生关于人民代表大会制度认知情况的调查。调查人数为300人，回收问卷286份。且以其中三个典型的问题为例：

表1-1 首都大学生关于人民代表大会制度认知情况的调查结果（部分）

问题＼答复	知道 人数	知道 %	不知道 人数	不知道 %	不确定 人数	不确定 %	不关心，无所谓 人数	不关心，无所谓 %
请问你知道"两会"的确切含义吗？	112	39%	83	29%	57	20%	34	12%
请问你知道人大代表联络站吗？	37	13%	157	55%	43	15%	49	17%
请问你知道大学生可以参加人大代表的选举吗？	89	31%	80	28%	53	23%	51	18%

从这些统计结果可看出，尽管首都大学生身处国家政治文化中心，比其他省市的大学生有更高的时代使命感和历史责任感，但对于人民代表大会制度的知识还是比较欠缺的。这不仅在于课堂讲授内容不多，课本知识内容比较少，而且由于直接利益的隔阂，大学生对于自己能够参与人民代表大会制度的选举权也比较漠视。[②]

三、党校系统对人大制度的培训与研修班教育概况

随着依法治国进程的推进，在各级人大的推动下，人民代表大会制度理论课被列入党校干部培训内容，或是开设选修课，各校各地都在不同程度地逐步开展。这些党校课程的开设，让各级领导干部，特别是高级领导干部能对坚持和完善人

---

① 本书编写组：《毛泽东思想和中国特色社会主义理论体系概论》，北京：高等教育出版社，2010年，第220—235页。
② 左鹏：《大学生选民的选举心态和选举行为——以北京市区县人大代表环节选举为例》，《青年研究》，2007年第9期。

民代表大会制度进行深入探索和思考。

概而言之，在党校系统的人大制度培训班教育，有三个突出的特点：其一，党校教学内容不断拓深。人大制度的教学已成为党校培训的重要组成部分之一，有许多党校已明确规定人大制度理论课必须列入党校教学内容。其二，党校教学重视加强与人大及其常委会的联系。如，北京市人大和北京市委党校，通过合作研发课题、开设专题培训、组织专题调研等形式，共同搞好公务员对人民代表大会制度理论的学习和理解。其三，党校教学教材形式多样。党校人民代表大会制度理论教材的编写，可针对各级党校干部培训对象的不同，而编写不同层级的理论课教材。如，处级以下干部要重点学习人民代表大会制度中相关法律规定和有关理论，从思想观念上改变他们对人大"橡皮图章"的看法。而厅级以上干部还应学习如何进一步完善人民代表大会制度，怎样发挥人民代表大会制度的优势而推动社会主义民主政治的全面深入发展。

四、小结

尽管人大制度的相关内容贯穿学历教育和许多领域的非学历教育，但直到今天，标志着"人大学"学科地位获得学界的广泛重视和普遍认可的许多因素仍然没能得到实现。在大学里仍没有建立起应有的专业教育体系（包括开设专门课程、专业设置等），也没有以"人大学"冠名的专业教材，本学科学术理论性刊物亦很缺乏。尽管现阶段人大实务界发表了大量这方面的文章，但理论研究的现状与人大在我国的重要地位和作用是极不相称的。[①] 对此，还需要全面加强理论研究和相关学习制度的健全完善。

通过高校教育教学体系的完善，适时满足人大工作者和人大代表的工作专业化需求，不仅可切实提高人大工作机构的行政效能，而且可创造良好的社会经济效益。通过"人大学"的学科化建构，可积极带动相关理论和实践资源的协调推进：来源于人大实践的鲜活案例，可带动科学研究的前沿性；来源于科研论证的理论知识，可拓宽学生的思维视野；基于课堂的知识传授，可系统提升人大实践工作的理论高度。这种互动，基于实践的需要，以人才培养为纽带，对人大工作者的知识结构优化、高校的人才培养和国家的政治社会发展都将产生积极作用。

总的来看，作为国家的根本政治制度，尽管人民代表大会制度在大中小学等

---

① 万东升：《人大学的研究现状及研究对象和方法》，《人大研究》，2007年第5期。

各层次教育中都是思政课程中的重要组成部分,但由于缺乏对思政课程一体化的教学体系设计,造成各阶段的相关教育重点内容不够突出、教学内容存在大量重复、教学设计针对性不强、师资队伍建设缺乏规划等一系列难以解决的问题。对此,考虑到课程思政建设业已形成了良好的基础和广泛的共识,还需进一步深入推进人民代表大会制度在思政课程一体化建设中的作用发挥。

第二节 中外学界关于人大制度的研究力量概况

人民代表大会制度所以能够成为我国的适宜制度,就是因为它能够便于人民行使自己的权力,能够便利人民经常经过这样的政治组织参加国家的管理,从而得以充分发挥人民群众的积极性和创造性。[①]

——刘少奇

随着我国人民代表大会制度在整个国家政治生活中地位的提升和一些学者学术兴趣的扩展,现已有越来越多的国内外高校、研究机构和学者加入人大研究的队列之中,学术成果的数量和质量也逐步提升。与此相应的,自20世纪90年代以来,新增了许多人民代表大会制度专业领域的期刊、报纸和杂志专栏。而且,国家和省部级立项课题也有实质性的突破。[②]更重要的是,人民代表大会制度的研究还成立了一批实体性的科研机构,配备了专职(兼职)的科研人员,并通过人大机构与高校的结合等多种方式,将人民代表大会制度的研究大大推向了深入。

一、国内研究力量

目前,国内对人民代表大会制度的研究,主要由两大主体力量组成。一方面,来源于各级人大常委会以研究室为主体的公务员研究力量,常被称为体制内部"机关力量",具体表现在从全国人大、省级人大、市级人大和区县级人大都设立有研究室;另一方面,以高校教师为主体的科研人员研究群体,常被称为"高校力量"。

[①] 刘少奇:《关于中华人民共和国宪法草案的报告》,《山西政报》,1954年第19期。
[②] 万东升:《人大学的研究现状及研究对象和方法》,《人大研究》,2007年第5期。

对各级人大机构的研究人员而言，大多倾向于从人大的设计原理和相关法律条文出发，结合地区发展规划对人民代表大会制度的发展进行较全面的描述和解读，对人民代表大会制度的某一具体机制的运作和完善系统分析提出意见，以及对人大实践工作进行案例积累和文献汇编。这样的研究进路，要求研究成果具有较强的实践操作性，重视规范分析和对策研究，但对理论的系统化提升不够。[1] 以高校教师为主的研究力量，能以相对中立的立场研究人大的理论和实践问题，具有理论和研究视野方面的优势，但又与实践具有一定的隔阂，容易陷入从理论到理论的泥潭。而如何根据中国人大制度的政治发展实践而建构起具有中国特色的社会主义国家政体理论，并积极加强相关的思政课程一体化建设，仍然任重而道远。

二、国外研究力量

相对于国内的研究而言，国外研究学者对中国问题的研究早期源自"中国学"的发展，在哈佛大学、牛津大学和诺丁汉大学等欧美一流高等学府中几乎都设置有"中国学"（或"东亚学"）研究中心，并开设有中国政治、经济和文化等方面的课程，尤其是在各种基金会的支持下，许多学者都试图从西方民主理论出发来阐释中国政治发展的实践运行状况。

为便于跨文化理论的建构，西方学者往往将人民代表大会制度的研究归结为某种模式。根据国外学者对中国地方人民代表大会制度的研究，何俊志老师将其划分为"权力扩张模式""制度成长模式""过程嵌入模式"和"制度贯通和网络联结模式"四大类型。[2] 以典型的研究学者来看，大多学者往往从一个假设的分析框架出发，观察和分析实际中的权力博弈，并提升为理论。例如，美国的人大研究专家欧博文（Kevin O'Brien）就人大代表的身份和作用，提出了"角色冲突"（Role Conflict）的理论，就人大和党政关系，提出了"过程嵌入"(Embeddedness)的理论。[3] Murray Scot Tanner 在其研究现代中国立法政治的开山之作的开篇，就总结了五个关于中国立法过程的理论模型。[4] 概括来讲，这些学者的研究成果可分

---

[1] 何俊志：《中国县级人大制度模式研究》，重庆：重庆出版社，2005年，第38—39页。
[2] 何俊志：《中国县级人民代表大会制度模式研究》，重庆：重庆出版社，2005年，第38—39页。
[3] O'Brien Kevin J. Chinese People's Congresses and Legislative Embeddings: Understanding Early Organizational Development. *Comparative Political Studies*. 1994:No.1 ,Vol.27, PP: 80-107.
[4] Murry Scot Tanner. *Politices of Lawmaking in Post-Mao China*. New York:Oxford University Press, 1999，2-5.

为三种类型：一是人大代表制理论的思考，即就某一个人民代表大会制度中的理论环节进行深入探讨。如，根据民意表达理论对于人民代表大会制度的代表机制的反思和探讨。[①] 二是根据时间的流转，对人民代表大会制度历史发展的总结和反思，特别是对人大早期的制度发展的理论解读。三是对人大、党委和政府机构间的合作与协调机制的学理分析。[②] 总的来看，这些理论的形成，大多来源于用一个单一的视角来概括复杂的地方政治现象，未免以偏概全。而且，国外的学者用西方的民主观来解释中国的政治现象，难免会出现偏差和误读。[③]

三、关于研究力量的对比与融合

从实践来看，中国共产党成立100多年来，我国之所以能够始终保持和发展马克思主义政党先进性，一个根本点就是坚持解放思想、实事求是、与时俱进、求真务实，以科学的态度对待马克思主义，用发展着的马克思主义指导新的实践，坚持真理、修正错误，坚定不移走自己的路，始终保持开拓前进的精神动力。然而，西方学者恰恰对马克思主义对中国政治制度建构的重要性认识不足。因此，还需积极加强基于"两个联合"的研究力量整合。

一方面，需要加强中外学者关于人大制度的联合研究与成果创新。

在世界百年未有之大变局时期，面对西方的各种"阴谋论"和"理论弹"威胁，如何通过正确的政治和理论引导，使人民代表大会制度的优越性得到世人的公认，仍是一项艰巨的任务。因此，还需通过加强理论宣传、设立课题组等方式加强中西方学界对人民代表大会制度的联合研究，在不断推进人民代表大会制度理论和实践创新的基础上，将一些好的经验和做法积极凝练成具有普遍指导意义的理论研究成果，进而不断丰富人民代表大会制度的实践特色和时代特色，为世界人民正确认识和评价人民代表大会制度及其优越性提供可供参考的理论依据。

另一方面，需要加强人大实践工作者和理论工作者的联合研究。

从人大制度的理论研究成果来看，人大制度的研究与实践创新之间还有较大的落差，一个明显的反映就是很多具有代表性的创新做法都是由地方人大的首创

---

① O'Brien Kevin J.Agents and Remonstrators: Role Accumulation by Chinese People's Congress deputies[J]. *China Quarterly*, 1994：138.P.359.

② Xia M. Political Contestation and the Emergence of the Provincial People's Congresses as Power Players in Chinese Politics: a network explanation, *Journal of Contemporary China*. 2000. No.24. Vol.9.PP:185-214.

③ 孙英：《简评中外人大研究现状》，《人大研究》，2009年第3期。

性探索。但从理论研究来看，相比较而言，来自各级各地人大系统内部的研究力量，具有较强的信息优势，能够及时把握全国和地方各级人大的工作动向；来自高校系统的研究力量，具有较强的理论优势，能够较好地推动人大制度在国家政治生活中的政治性与学理性的统一。值得肯定的是，还需积极加强作为人大体制内研究力量的"秘书班子"与高校学术研究力量的整合，并通过举办研修班、设立调研组、开展联合课题攻关等方式逐步发展为一种重要的趋势，有计划地建立一批学术研究与专门智库机构，为人大制度的研究培养一批专业化的人才队伍。

第二章　促进"人大学"学科化建设的现实必要性

要深化教育改革，推进素质教育，创新教育方法，提高人才培养质量，努力形成有利于创新人才成长的育人环境。[①]

——习近平

一般而言，社会权力具有三种主要形式：经济权力、意识形态权力和政治权力。[②] 相对而言，意识形态权力不仅是凝聚民心和汇聚国力的重要力量依托，也是国家治理体系完善和综合实力的重要体现。对意识形态在国民教育系统中的作用发挥，美国、英国等发达国家在现代化建设历程中属于先行者，并逐步建立起能对国民素质培养和公民进行教育的完备体系。对其重要性，美国开国元勋中最有影响力者之一、合众国第三任总统、美国《独立宣言》重要起草者、杰出的政治学家托马斯·杰弗逊总统曾深刻指出：合格的政府自治并不是与生俱来的，而是习惯和长期培训的结果。在某种程度上，这也道出了美国、英国等发达资本主义国家在国家治理中得益于公民教育和培训所取得的成功经验。

[①] 摘自习近平总书记在十八届中央政治局第九次集体学习时（2013年10月2日）的讲话。
[②] 【美】贾恩弗朗哥·波齐著，陈尧译：《国家：本质、发展与前景》，上海：上海人民出版社，2019年，第4页。

第一节　人大制度教学与研究的现实需要

我们进行社会主义现代化建设，是要在经济上赶上发达的资本主义国家，在政治上创造比资本主义国家的民主更高更切实的民主，并且造就比这些国家更多更优秀的人才。[①]

——邓小平

一、全面系统总结人大制度建设的历史经验

我国的人民代表大会制度，是中国共产党领导人民在长期革命斗争中创造的一种新的政治制度，新的政权组织形式。[②] 自人民代表大会制度成立以来，历届全国人大常委会委员长和有关领导同志对人民代表大会制度、人大工作作出了许多重要论述，为我们留下了宝贵的思想和精神财富。同时，历届全国人大和地方人大都做了大量富有成效的探索和实践，积累了许多经验，具有重要的启示和借鉴意义。此外，不少地方还先后成立了人民代表大会制度、人大工作的研究机构，在理论研究方面进行探索，在组织和制度建构等方面都取得了实质性的进展（具体参见下图2-1）。

[①] 《邓小平文选》（第一卷），北京：人民出版社，1994年，第69页。
[②] 刘政：《人民代表大会制度的历史足迹》，北京：中国民主法制出版社，2008年，第14页。

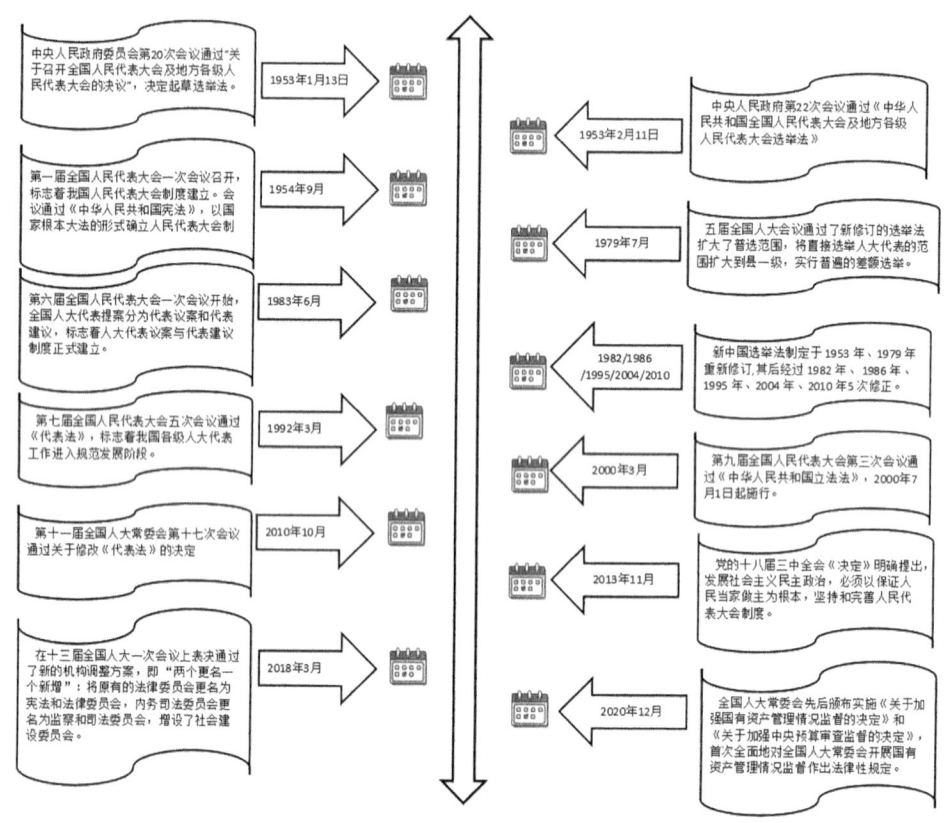

图 2-1 人大制度建设历程简图

概而言之，在近 70 年的探索和实践过程中，人民代表大会制度为促进社会主义民主政治建设发挥了实质性影响，其主要历史作用可概括为以下五个方面：

（1）改革和完善选举制度

把直接选举人大代表的范围扩大到县级，实行普遍的差额选举制度，逐步实现城乡按相同人口比例选举人大代表。

（2）完善全国人民代表大会及其常务委员会的职权

规定全国人民代表大会和全国人民代表大会常务委员会共同行使国家立法权，共同监督宪法实施。

（3）在县级以上地方各级人民代表大会设立常务委员会

赋予省级人民代表大会及其常务委员会、较大的市的人民代表大会及其常务委员会制定地方性法规的职权。

（4）加强各级人民代表大会及其常务委员会的组织建设

健全专门委员会和工作机构，优化组成人员结构。

（5）完善保证国家权力机关依法行使职权的制度和工作机制

制定全国人大组织法、地方组织法、立法法、监督法、议事规则等一系列规范人大组织和职权的重要法律。

二、时代发展的要求

改革开放 40 多年来，中国的社会经济管理体制发生了很大的变化。这种社会体制的变化，对人民代表大会制度的理论研究也提出了许多新的重要命题。且以社会管理体制的变迁而言，改革开放以来，我国的社会管理体制由单位制转向社区制，为人民代表大会制度的发展提供了一个良好的发展平台；但社区是以人民群众的居住状况为划分标准的，而选区才是选民与人大代表的利益联结点。这样，在人民代表大会制度由上而下的推动人大代表联系选民深入发展过程中，从微观层面来看，这构建了一条民意表达与利益诉求的有效途径；从社会改革与发展的中观层面来看，这是一个渗透着人民代表大会制度随着单位制、社区制和选区制的转型而调适的历史过程；从国家制度建设的宏观层面而言，这是包含了民意、众意和公意协调沟通的理论与实践。因而，不管是从单位制、社区制和选区制的在社会大环境下的实践而言，还是从民意、众意和公意的理论发展而言，人民代表大会制度与社会经济管理体制的衔接问题，都是包含着政治改革和社会改革并举的一个系统工程。

特别是，自党的十八大以来，我国的人民代表大会制度取得了长足的发展，不仅在地方各级人大都普遍增加了人大街工委、代表工作之家、代表工作站等机构，而且在人员配置、经费保障等方面都有了很大的改进，地方人大代表履职积极性不断提高，创新能力不断增强，对相关理论的学习需求和积极性也不断得以提高，对现代高等教育也提出了许多新的要求。

三、高校课程建设的需要

近年来，马克思主义学院和思政课程成为高校思想政治教育的主阵地和重要依托，对建设有中国特色的政治学理论在高等教育中开创了新的格局。党校、干部学院、社会科学院、高校、理论学习中心组等都把马克思主义作为必修课，这对高校课程体系建设提出了新的要求。特别是，国家政体制度作为马克思主义理论中的重要组成部分，是高等教育中不可或缺的重要内容。

这一系列重大成就，是我们在发展社会主义民主政治、保障人民当家作主方面不断深化认识、不断发展完善的重要体现；同时也为我们深入研究，推动人民代表大会制度、人大工作与时俱进积累了重要经验，奠定了坚实基础。实践证明，人民代表大会制度是符合我国国情和实际、符合时代发展要求的好制度，是充分体现人民共同意志、充分保障人民民主权利、充分维护人民根本利益的好制度，是推动国家发展进步、保证人民创造幸福生活、保障实现中华民族伟大复兴的中国梦的好制度，是我们国家和人民能够经得起各种风浪、克服各种困难、始终沿着中国特色社会主义道路前进的根本制度保证。对其历史成就和所取得的正反面历史经验，还需在高校思政课程建设的基础上进行专门化系统总结研究。

四、我国民主政治建设的需要

中国共产党从成立之日起就以实现人民当家作主为己任。人民代表大会制度，是中国共产党探索实现人民当家作主的重要创造，是对我国民主政治建设的重要实践。新中国成立 70 多年来，我国民主政治建设取得了重要的发展。但在新的历史时期，又面临新的更高的要求，还需要我们不断创新，为实现民主政治新的更好的发展而不断探索。

在中国共产党的历史上，早在 1954 年人民代表大会制度成立之前，党就通过各种形式为人民代表大会的成立进行试运行，积极探索落实民主政治的有效形式。从第一次国内革命战争时期的罢工工人代表大会和农民协会，到第二次国内革命战争时期的工农兵代表苏维埃，从抗日战争时期的参议会，到解放战争后期和新中国成立初期各地普遍召开的各界人民代表会议，都是我们党为实现人民民主而进行的探索和创造。在长期的艰苦斗争和探索实践中，以毛泽东同志为主要代表的中国共产党人，深刻总结中国近代政治发展的历史经验，提出了一系列关于建立新型人民民主政权的重要思想和观点主张，并得出了一个重要结论：新民主主义革命胜利后建立的国家政权，只能是工人阶级领导的、以工农联盟为基础的人民民主专政；同这一国体性质相适应的政权组织形式，只能是民主集中制的人民代表大会制度。中华人民共和国的成立，标志着中国政治实现了向人民民主的伟大跨越，开辟了中国人民当家作主的历史新纪元。

1949 年 9 月，中国人民政治协商会议第一届全体会议通过的具有临时宪法作用的《中国人民政治协商会议共同纲领》明确规定，中华人民共和国的国家政权属于人民，人民行使国家政权的机关为各级人民代表大会和各级人民政府。1954年9月，第一届全国人民代表大会第一次会议的召开，标志着人民代表大会制度在全国范围内建立起来了。会议通过的新中国第一部宪法，以国家根本法的形式确立了人民代表大会制度。人民代表大会制度的建立和宪法的公布施行，开创了我国人民民主的全新阶段，这是中国政治制度的一次伟大变革。70年来，我国的人民代表大会制度在实践中不断探索、总结和发展，今后仍将继续在实践中不断探索、总结和发展，并不断丰富和完善。

当前，我国发展呈现出一系列新的阶段性特征，世情、国情、党情出现许多新变化，人民群众的民主意识、权利意识、公平意识不断增强，社会矛盾明显增多，改革发展稳定任务艰巨，人民代表大会制度、人大工作面临许多新课题。这就要求我们必须适应内外环境的新变化，顺应人民群众的新期待，积极研究新情况、解决新问题，不断推动人民代表大会制度、人大工作与时俱进和发展完善。这要求我们必须从理论和实践的结合上，对人民代表大会制度、人大工作更好地进行系统研究和深入阐发，更好地进行宣传展示和解疑释惑，广泛凝聚推进改革发展稳定的强大正能量。

第二节　地方人大工作法治化的要求

为了保障人民民主，必须加强法制。必须使民主制度化、法律化，使这种制度和法律不因领导人的改变而改变，不因领导人的看法和注意力的改变而改变。[①]

——邓小平

从实践发展的要求来看，加强人民代表大会制度理论研究是推动人民代表大会制度与时俱进、做好新形势下人大工作的内在要求。在具体工作中，如何更好地坚持和完善人民代表大会制度，需要理论与实践界相结合而进行不断探索和创新。从当前来看，人民代表大会制度的实践水平，与宪法、法律的要求和人民群

---

① 《邓小平文选》（第二卷），北京：人民出版社，1994年，第146—147页。

众的期待相比，仍有较大差距。为此，课题组深入对一些基层人大进行了调研。总的来看，各地人大对既有法律制度规范的实践做法存在较大差异，在规范性和统一性方面还有较大的可提升空间。

一、对人民代表大会制度和人大工作的认识有待提升

作为国家的根本政治制度，尽管人民代表大会制度一直是中国政治学、法学和海外中国问题研究者所关注的重要问题。但由于受到历史和现实作用发挥情况的影响，人大及其常委会的作用长期受到"橡皮图章""木制图章"等刻板印象的影响，而人大代表也往往将自己作为"荣誉代表"，而对人民代表大会制度和人大工作存在较大的误解。其实，根据宪法和有关法律规定以及人民代表大会制度形成的逻辑关系，人民代表大会制度与人民的权力行使、人大代表的作用发挥以及人民代表大会的功能完善都具有密切的联系，进而在制度与外在情景以及国家权力机制的运行机制等方面形成层层嵌套的有机体系（具体参见图2-2）。如果用一句话来概括，可以这样说：人民代表大会制度是经由人民选举代表组成人民代表大会，并由人民代表大会行使国家权力的政治制度。它不仅是人民代表大会自身的制度，而且是关于整个国家政权架构体系的制度。而其制度的核心重要性，就在于基本能够解决执政党和国家机关与人民群众的关系问题，而使执政党和国家机关保持与人民群众的密切联系，进而防止或减少形式主义、官僚主义、享乐主义和奢靡之风乃至腐败现象的滋生蔓延，而跳出"其兴也勃、其亡也忽"的历史周期率。[①]

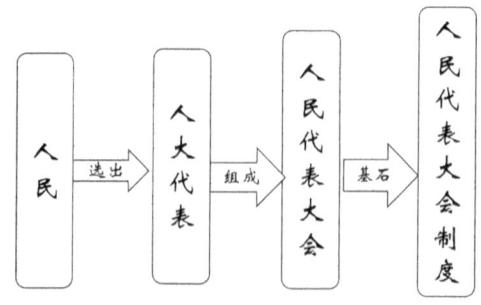

图 2-2　人民代表大会制度的民主逻辑框架图

---

① 席文启：《人民代表大会工作十五讲》，北京：红旗出版社，2016年，338页。

根据现代民主的制度逻辑，人民代表大会制度作为国家的根本政治制度，不仅包括人民代表大会自身的地位、性质和职权，还包括人民与国家权力机关相互之间，国家权力机关、行政机关、审判机关和检察机关相互之间的关系。更重要的，还包括党委和人民、中央和地方人民代表大会之间的关系。当然，由于人大工作和代表工作具有很强的周期性，代表对工作认识的提高也是一个需要长期努力的过程，这给各届人大及其常委会的工作也带来了挑战。2009年，在北京市召开的市委三次人大工作会议特别强调要弄清人民代表大会及其常委会与人民代表大会制度的区别与联系，明确了坚持和完善人民代表大会制度是全党全社会的共同责任。但是，目前人们对人民代表大会制度和功能的认识仍未到位，对于人民代表大会制度为什么重要、怎样坚持和完善等问题还存在不同的认识，对人大及其常委会的工作的重视还很不够。这是制约坚持和完善人民代表大会制度、推进民主法治建设的核心问题，也是全局性、历史性、关键性的大问题。这个认识上的问题不解决，会极大影响人民代表大会制度实践的效果。[1]

二、人民代表大会的会议质量有待提高

人民代表大会的会议，是人民代表依法履行职责的基本途径。能否开好人代会，既直接关系到人民代表大会制度作用的有效发挥，也直接关系到人民群众当家作主权利的真正落实。目前，每年一次的大会时间较短，代表难以有足够时间对每个议题进行充分讨论和发言，会议难达预期效果。此外，影响大会实效的问题还有以下几个方面：

其一，会前活动流于形式。由于缺乏明确的制度机制规范，一些地方的会前活动走过场，没有发挥出应有的功能。

其二，会议审议效果不够理想。造成该问题的原因是双方面的：一方面，个别代表对人代会重视程度不高，没有扎扎实实做调查研究，发言空话、套话多，缺少真知灼见，更没有把群众意愿反映出来。另一方面，对代表审议发言如何落实和反馈缺乏明确规定，一些代表提出的意见建议没有得到应有的重视。

其三，提交会议审议的报告质量有待提高。特别是，提交会议审议的政府工作报告、计划和预算工作报告以及财政审计三个报告的内容需要调整，不仅在内

---

[1] 北京市人大理论研究会：《人民代表大会制度在北京各区县实践情况的调研报告》，参见北京市人大官网：http://210.75.193.155/rdzw/information/exchange/theorydir.do?method=showInfoWeb&Id=2013156，2013年1月5日。

容方面多有重叠，而且报告中使用专业术语较多，导致代表对计划和财政报告难以进行有效审查。

三、人大常委会行使监督职权的刚性有待加强

一般来讲，人大监督是国家权力机关对其他国家机关进行的具有最高法律效力的监督。就是说，不但其他国家机关处于人大的监督之下，而且其他国家监督机关也处于它的监督之下，因而它的监督是具有至上性和不可侵犯性的监督。[①]然而，在实践中，由于受到传统路径依赖和制度设计缺失等多方面的影响，人大监督的实效屡屡遭到质疑。现存的有关问题，主要体现在以下几个方面：

其一，监督性质不够明确。党委对政府工作的决策参与太多、太深，人大的监督很难深入开展。有的区县人大把听取政府工作报告定位为围绕中心、服务大局，寓监督于支持，寓支持于监督，而没有把监督工作理解为对国家权力运行和公共资源配置的监督。

其二，监督方式运用不足。综合运用监督方式方面还存在不足，监督法规定的七项监督形式中，只有听取和审议专项报告、计划和预算监督、执法检查这三种形式比较常用。而且监督手段疲软乏力，缺乏制约和制裁措施。在监督实践中，避重就轻、避实就虚、避硬就软的现象比较普遍。

其三，监督程序不够规范。人大对"一府一委两院"的监督基本上是事后监督，事前监督基本没有，很多工作事先没有征求人大的意见。

其四，监督效果不够理想。政府部门工作职能存在交叉或分割，法律法规的滞后或过时，让人大监督的效果受到很大影响。

四、加强法律赋予人大常委会的职权行使

县级以上地方人大设立常委会作为一种制度，作为人民代表大会制度的重要组成部分，它的性质、地位、职权都是由宪法和法律规定的。根据我国《宪法》（第104条）和《地方组织法》（第43条和第44条）的相关规定，可将地方人大常委会的职权概括为6项：一是召集本级人民代表大会的职权；二是确保宪法法律在本行政区域内遵守和实施的职权；三是立法的职权；四是决定重大事项的职权；五是人事任免的职权；六是监督同级政府、法院、检察院的职权。[②]通常，我

---

① 席文启：《人民代表大会工作十五讲》，北京：红旗出版社，2016年，第128页。
② 席文启：《人民代表大会工作十五讲》，北京：红旗出版社，2016年，第128页。

们将其概括为立法权、监督权、重大事项决定权和人事任免权四项主要职权。然而，地方人大常委会在机构设置上的力量不足，也严重影响到其法定职权的行使。一是人员配备与行使法定职权的要求不相适应，部分区县人大常委会需要增加机构编制；二是区县人大不设立专门委员会，不利于工作质量的提升；三是专职委员比例不高。另外，有的人大常委会机关服务和保障能力不足，这些都应该提上日程或向全国人大提出建议。

大体而言，地方人大在职权行使过程中对立法权行使得最为充分，对监督权的行使仍处于积极的探讨和激活状态，但对重大事项决定权和人事任免权的行使仍然存在许多不足之处，主要表现在：一是，重大事项决定的范围、程序、效力等有待进一步规范。法律法规对什么是重大事项没有明确具体的标准，目前一些工作是党委决定、政府办理，或者党政联合行文做出决定，导致人大的重大事项决定权形同虚设。二是，人事选举、任免的原则和程序有待进一步完善。大会选举党派提名与代表联合提名的关系、差额选举与等额选举的关系都亟待理顺。有的区县人大常委会任命权的行使基本上是走过场，人大常委会既没有参与任前考察，也没有参与任后监督，只有通过名单的权力。有的区县对人大选举干部的使用不稳定、不严肃，很多干部刚选完就调整，这既是对人大和人大代表的不尊重，也是对人民代表大会制度的不尊重。

五、积极发挥人大代表的主体作用

由于人大代表选举的制度不够健全，地方人大代表对自身的代表身份缺乏深刻认识。甚至，有些地方在换届选举工作中，硬性安排的代表候选人名额过多，致使预留给选民联合提名的名额保留较少。抑或，地方组织在提名候选人的时候过于注重代表的形式结构，而对代表自身的履职素质和能力考虑不够，使选举制度运行显得过于形式化而缺乏实质性的"代表"机制。因而，造成代表履职不均衡问题比较突出，有的代表选举时表现积极，当选后没有积极履行职务。对代表履职的监督、评价机制尚需改进和创新。间接选举的人大代表与人民群众的联系还需要进一步密切，代表履职的服务和保障工作还有差距。特别是，随着政府工作专业化和专门化的提升，人大代表履职能力的提升已是现实的迫切需要。

从代表建议办理机制的完善来看，代表建议办理中轻办理、重答复的问题仍然存在，有的区县把提高代表建议质量的重点放在逐步争取政府进一步的重视和支持上面，没有形成具体有效的制度性的机制和措施。在代表建议落实方面，还存在务虚多、务实少，重过程、轻结果，以及满意率较高、落实率偏低等问题。究其原因，主要有：一是代表提出的建议质量不高，缺乏针对性和可行性。二是缺乏对建议办理前的系统分析，建议分类标准不明确，重点不突出，影响了办理实效。三是个别承办单位不在解决代表反映的问题上下功夫，而是在办理工作之外做文章，把主要精力用在了做代表的说服工作上。

当前，为全面建成社会主义小康社会，尽管法律对乡镇人大主席团法律地位的规定不够明确，工作上缺乏法律规范支撑。但是，这并不影响区县人大对乡镇人大在工作上的指导，以及更好发挥乡镇人大代表作用。目前，有的区县在指导乡镇人大工作上比较靠前，在乡镇一级，有的区县设立了人大工作办公室，有的设立了代表联络选民办公室，为乡镇人大代表履职提供服务保障。在提高乡镇人民代表大会会议质量方面也比较重视，但发展并不平衡，这需要其他区县更加注重对乡镇人大工作的指导，夯实基层国家政权建设。

第三节　地方人大工作创新发展的要求

人民对美好生活的向往就是我们的奋斗目标，发挥人民的主体作用是推动发展的强大动力。[①]

——习近平

知之愈明，则行之愈笃。理论来自实践，又指导实践发展。建党百年以来，中国共产党领导人民坚持科学的思想路线，把成功的实践上升为理论，又以正确的理论指导新的实践，使社会主义国家政治制度在实践中不断得到丰富和发展。然而，实践不断前进，指导实践的理论也要不断前进。新中国成立70多年来，特别是改革开放40多年来，人民代表大会制度发挥了极为重要的制度功效，展现出巨大的优越性和旺盛的生命力。[②]其中，很重要的一条经验就是要将理论与实践进

---

① 习近平：《习近平谈治国理政》（第三卷），北京：外文出版社，2017年，第234页。
② 北京市人大理论研究会：《人民代表大会制度在北京各区县实践情况的调研报告》，参见北京市人大官网：http://210.75.193.155/rdzw/information/exchange/theorydir.do?method=showInfoWeb&Id=2013156，2013年1月5日。

行紧密的结合。在历史上,人民代表大会制度理论研究为促进社会主义制度的完善发挥了积极的作用,在新的社会历史时期,实践也为人大理论提升提出了新的更高的要求。

一、人大制度具有很强的亲实践性

人民代表大会制度具有很强的亲实践性,在政治生活实践中发挥着不可或缺的重要作用。一是,人大是国家的立法机关,内在规定着国家政治生活的根本遵循。依照依法治国的理念,作为执政党的中国共产党需要通过人大的法定程序,把党的主张变为国家意志,全国和地方各级国家机关都要在宪法和法律规定的范围内行使职权;二是,作为我国宪法规定的根本政治制度,国家的各项对内、对外职能的实现,需要通过人大及其常委会的立法权、重大事项决定权和人事任免权的行使得以实现;三是,根据人民的授权,"一府一委两院"由人大产生,对它负责,并受它监督。显然,人大学所研究的不是纯理论的问题,它必须建立在上述实践的基础上,依赖于实践提供的素材,进而进行系统的理论概括和理论探讨。①

二、需适时加强人大制度的理论创新研究

从民主法治建设的过程来看,地方人大的制度首创是国家法制健全完善的重要途径。由于法律规范具有稳定性的特点,这也使得许多法律规范相对于政治生活实践具有迟滞性。一方面,法律规定的不少实际措施,如质询和罢免等法律明文规定的制度性措施可能会被虚置,或者说很难起到实际的作用,而在实际工作中干得轰轰烈烈的一些工作,如各种评议和代表评比活动,法律最初却并没有明文的规定。反而是这些工作大面积铺开以后,才通过法律的修改而上升到制度的层面。另一方面,地方人大的很多制度性首创很多都是一开始找不到法律依据的(述职评议制度、开门立法等),需要根据宪法和法律的精神,在地方创造性开展工作。进而,在各地不断实践积累和进行理论提升的基础上,再把地方经验上升为国家法律,进而去规范和指导全局性的工作。此外,至今为止,仍有一些首创性人大实践工作做法没有被纳入法律的规定中。如,人大代表专职化的问题。目前,许多地方都试行部分人大代表专职化,这也是我国建设社会主义民主政治中

---

① 赖祖胜:《现在建立人大学是否早了点》,《人大研究》,1993年第6期。

无可回避也难以压制的必然要求。因此，在新时期要加强对人民代表大会制度的理论和实践研究，必须把坚持与完善、继承与发展、巩固与提高有机结合起来，认真总结实践探索中的好经验好做法，认真研究并努力回答前进中面临的新情况新问题，为做好新形势下的人大工作提供强有力的学理支持。

三、需不断满足国家法制健全完善的需要

地方人大实践的不断发展，对国家法制的健全完善也不断提出新的要求。研究中国人民代表大会制度，尤其是地方人大工作的学者可能都会发现，在地方人大的实际运行过程中，很多制度都是地方先行实践，在中央立法之前早已有地方"立法突围"。地方实践和上层法律规定之间有很大的操作空间，这已是不言而喻的事。在新的社会历史时期，我们仍需在系统总结地方人大首创性经验的基础上，通过持续加强人大制度的学理化研究，进而不断满足国家法制健全完善的需要。

实践永无止境，理论创新也永无止境。随着数字化社会的来临，特别是全球风险社会所带来的疫情、信息安全等一系列新的挑战，全国和地方各级人大及其常委会工作也面临越来越艰巨的考验。对此，还需要遵循实践创新——理论创新——制度创新的制度演进逻辑，通过"人大学"学科化的平台建设，积极构建起能够满足人大实践工作需要的有效制度体系。

第四节　促进世界政治文明建设

民主是全人类的共同价值，是中国共产党和中国人民始终不渝坚持的重要理念。[①]
　　　　　　　　　　　　　　　　　　——习近平

尽管，在早期对"人大学"学科建立必要性的研究中，许多人大领域的实践工作者和理论研究者都进行了相当全面的论述，并从各个方面提出和论证了现实

[①] 人民日报评论员：《中国共产党始终高举人民民主的旗帜——论学习贯彻习近平总书记中央人大工作会议重要讲话》，《民主法制建设》，2021年第10期。

的必要性。但是，对相关国际化建设方面的阐述并不多，难以真实客观反映人大制度对世界政治文明建设所做出的贡献。特别是，针对我国民办学校、中外合作办学思政课建设还相对薄弱的状况，还需从国家根本政治制度学科化建设的国际化需要出发，针对留学生等群体的教学需要，从马克思主义国家学说，以及人类政治实践对国家理论的丰富和发展等高度提升对人民代表大会制度的研究层次。

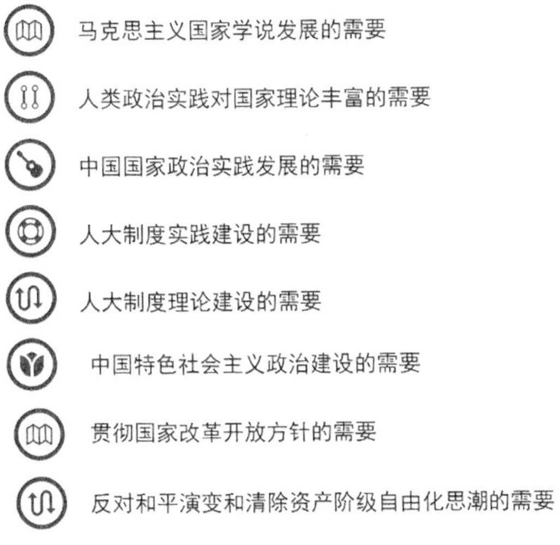

- 马克思主义国家学说发展的需要
- 人类政治实践对国家理论丰富的需要
- 中国国家政治实践发展的需要
- 人大制度实践建设的需要
- 人大制度理论建设的需要
- 中国特色社会主义政治建设的需要
- 贯彻国家改革开放方针的需要
- 反对和平演变和清除资产阶级自由化思潮的需要

图 2-3 关于人大制度的研究层级示意图

一、丰富马克思主义国家学说的发展

国家的本质和形式问题，这是马克思主义国家学说的一个重要组成部分。一般来讲，"国体"就是国家的本质，"政体"就是国家的形式。在我国，实行民主集中制的人民代表大会制度就是我国的政体，即国家的政权组织形式。马克思主义认为，国体决定政体，但政体又有相对的独立性，政体对国体具有巨大的反作用。重视国体问题是正确的，而轻视政体问题就会犯政治错误。理论上准备不够，在实践上就容易出问题，新中国成立以来的事实就说明了这一点。因此，我们必须以马克思主义关于国体和政体的学说为依据，掌握二者的辩证关系，把对政体的研究放到重要的位置上来。[①] 尤其是，在中国特色社会主义现代化建设的历史新时期，如何正确把握国体与政体之间的辩证关系，这也是马克思主义国家学说在

---

① 吴家麟：《建立人大学的几个断想》，《人大研究》，1992 年第 4 期。

中国取得新发展的重要内容。

二、对国家理论的丰富和发展

自从人类有了国家，就有了政治与行政的国家管理。从君主专制到资产者专政及与之相适应的"三权分立"，从城邦国家到共和国，不同时代有不同内容的政治学。但总的来看，基本都包括政治理论、政治制度、政治思想、国际政治关系等各个方面。在20世纪，一些国家的人民，突破了封建的、资本主义制度的桎梏，建立了无产阶级专政的国家，人类的国家理论、国家制度研究开启了一个新的纪元，无产阶级专政（我国人民民主专政）的国体、人民代表大会的政体，在地球上有近四分之一人口的新中国屹立起来。因此，基于近70年的理论和实践积累而确立"人大学"这一学科，及时加强"人大学"在社会主义现代化建设新时期的科学化研究，已成为当务之急。作为一门科学，研究无产阶级专政下的人民代表大会，对其源起、理论、制度及其演进规律的探索，都将成为人类政治实践对国家理论的重要丰富和发展。

三、反对和平演变和清除资产阶级自由化思潮的影响

制度稳则国家稳，制度刚则国家刚。制度竞争，是决定大国之间竞争的终极决定力量。然而，许多西方发达国家人士鼓吹三权分立的资产阶级议会制民主，恶意攻击和贬低我国实行民主集中制的人民代表大会制度，这不仅是资产阶级自由化分子在思想政治领域经常散布的一个重要主张，而且也是国际帝国主义反动势力对我国实行和平演变的重要手段。

因此，我们还需要从决定国家之间竞争胜负的战略高度来认识人民代表制度对国家建设和发展的根本重要性。要从思想理论上清除资产阶级自由化在人民代表大会制度上制造的思想混乱和散布的错误影响，彻底挫败帝国主义反动势力及其和平演变的阴谋。特别是，在百年未有之大变局的关键历史时期，必须以马克思主义的国家学说为指导，把中国特色社会主义的人民代表大会制度和资产阶级议会制度作为专门的研究对象，深刻认识我国社会主义人民代表大会制度的历史进步性和优越性，并通过"人大学"的全面系统建设和发展，使我国的社会主义民主政治能够经得起时代和历史的考验。

第三章　设立"人大学"学科的可行性探讨

在中国特色社会主义伟大事业中，中国特色社会主义道路是实现途径，中国特色社会主义理论体系是行动指南，中国特色社会主义制度是根本保障，三者之间既相对独立又紧密联系，构成了理论与实践、内容与形式、结构与功能的内在统一。"三位一体"相互依存、相辅相成，统一于中国特色社会主义伟大实践，构成党领导人民建设社会主义的最鲜明特色。在当代中国，坚持和发展中国特色社会主义，就必须坚持和拓展中国特色社会主义道路，坚持和丰富中国特色社会主义理论体系，坚持和完善中国特色社会主义制度。[①]

——习近平

自从20世纪90年代以来，一批具有深厚理论功底和长远政治眼光的人大学人，如阚珂、郭道晖、吴家麟、程湘清、浦兴祖、周伟、王清秀、贺卫方等人大机关领导和学界前辈曾探讨过人大学的学科设置问题，并认为人大学的设置时机也越来越成熟。从实践探索来看，除了北京市人大与高校及其市属党校进行广泛深入的合作之外，青岛市人大常委会自2005年起也与海洋大学建立了一定的教学科研合作，从科研条件来看，全国和各地人大理论研究会的普遍化设立，以及高校相关研究机构的纷纷设立，人人推动了人民代表大会制度理论研究的纵深化发展。

[①] 中共中央党史研究室编:《历史是最好的教科书——学习习近平同志关于党的历史的重要论述》，北京：中共党史出版社，2014年，第24页。

第一节 设立"人大学"的早期理论探索

真正要巩固安定团结，主要地当然还是要依靠积极的、根本的措施，还是要依靠发展经济、发展教育，同时也要依靠完备法制。经济搞好了，教育搞好了，同时法制完备起来，司法工作完善起来，可以在很大程度上保障整个社会有秩序地前进。[1]

——邓小平

怎样才能使"人大学"成为一门既有生命力又有战斗力的新学科呢？"人大学"的"学"，就指的是一门科学或一个学科，对"人大学"的要求应该高于对一般人大宣传工作的要求。[2]这是早期人民代表大会制度研究学者对"人大学"设立愿望的一个典型写照，虽然尚未上升到学科体系化建设的层次，但已对基于"宣传"的人大工作现状提出了更高的要求。

一、《人大研究》启动了新的研究话题

关于"人大学"及其学科建立的学术探讨，最早是由《人大研究》杂志发起的。在1992年1月，《甘肃人大》正式更名为《人大研究》，在"卷首语"即声明："人大实践的发展必然呼唤'人大学'的建立，本刊愿为有志于建设'人大学'的理论工作者和实际工作者提供一块园地。"[3]随后，催生了人民代表大会制度和"人大学"研究的第一个热潮，并至今仍产生深远影响。

在20世纪90年代，以《人大研究》为主要平台，全国人大和地方人大的许多研究工作者和许多高校学者都各抒己见，围绕"人大学"设立的必要性、学科名称确定、学科建设与方案选择等问题进行了较为深入的探讨。当时，很多人大研究工作者都比较赞成设立"人大学"，只有为数一二的人认为时机不够成熟。虽然，由于各种原因，"人大学"的学科设立问题后来被搁置，但许多人大实践领域的赞成者都成为重要领导，致力于人大理论研究的高校学者也成为在学术界享负

---

[1] 《邓小平文选》（第二卷），北京：人民出版社，1994年，第254—255页。
[2] 吴家麟：《建立人大学的几个断想》，《人大研究》，1992年第4期。
[3] "卷首语"，《人大研究》，1992（1），1.

盛名的重要专家。多年以来,《人大研究》杂志也一直是人大制度研究领域最有影响力的学术期刊。

二、人大研究类期刊与理论研究的兴起

关于"人大学"可否建立的最初讨论,并不是在某一高校或地方人大发起的,而是随着专业期刊的发展而兴起的。当时,期刊与学科的建设被认为是密不可分的,并被认为任何一门新学科的诞生都离不开期刊这个摇篮。如,"领导科学"和"行政管理学"的兴起,就被认为是《领导科学》《中国行政管理》等杂志"摇"出来的。[①] 因此,人大学的学科建设,也被认为是与人大期刊的发展走向密不可分的。

人大期刊是人民代表大会制度实践发展的产物。在这个过程中,甘肃省人大常委会主办的《人大研究》杂志因其理论研究的特征而迅速脱颖而出。虽然,顺应地方人民代表大会制度不断发展的趋势,各省、自治区、直辖市人大常委会先后都创办了人民代表大会制度的期刊,但随着各地人民代表大会制度的不同发展特点,人大期刊也呈现出不同的类型,主要可归纳为以下四种类型。

(一)公文汇编型期刊

公文汇编型期刊,大致是在1980年到1988年这个阶段比较普遍,是"期刊"初创后的第一个发展阶段。从严格意义上来说,这个时期的地方人大期刊还不能算作真正的期刊。名曰"期刊",实为文件、内部资料、领导讲话、工作简报等公文汇编。刊期不定,没有正规的编辑人员队伍,没有固定的栏目,往往是编辑根据文章临时冠以栏名。封面装帧粗糙,无版式设计可言。刊物没有固定的可靠的稿件来源,也没有相对固定的作者队伍,上报下发的各种文件是稿件的唯一来源。刊物也没有市场化的发行渠道,一般是按文件免费发放。目前,这种类型的地方人大期刊不多了,全国仅有极少的几家。

(二)新闻型期刊

新闻型期刊,主要是在1988年以后出现的,这也是人大期刊发展的第二个阶段。相比于其他类型期刊而言,其主要特点是以刊登各级人大的实践工作总结、经验交流、工作动态等新闻文章为主,综合宣传报道人大工作,便于各级各地人

[①] 蜀陀螺:《人大学与人大期刊的走向》,《人大研究》,1992年第5期。

大及其常委会的工作交流与相互学习。在这个阶段，期刊名称也由原来的《工作通讯》《工作简讯》，改为《××人大工作》、《××人大》。如：《天津人大》《北京人大》的创刊成立。相比较而言，这个时期的人大类期刊逐步走上正轨，也建立了相对固定的发行渠道，设立了比较固定的栏目。先后成立了编辑部，设置了主编、副主编，还有专职责任编辑，有自己的通讯员队伍。近年来，随着信息技术发展的进步，期刊的封面设计和栏目设计以及文章内容质量都有很大的提升。

（三）新闻和理论并举型期刊

新闻和理论并举型期刊是在1990年以后出现的，这是人大类期刊发展的第三个阶段。以《中国人大》、《人大建设》（吉林和河南）、《黑龙江人大工作》、《甘肃人大》、《地方人大建设》（河北）、《江苏人大》、《民主法制建设》（四川）、《江西地方人大》等期刊为代表。这些期刊，既宣传报道人大工作，又会安排一定的篇幅发表人大理论研究文章。这种类型的期刊，在宣传人大工作、研究人大工作中发挥了较大的作用，比较受读者欢迎，至今仍是人大类期刊的主流形式。

（四）理论研究型期刊

目前，该类型期刊只有甘肃省人大常委会主办的《人大研究》杂志一家，是"全国唯一的人民代表大会制度学术期刊"[①]。

总的来看，地方人大期刊的理论性在不断加强。自1980年以来，各级人大期刊先后由公文汇编型期刊衍生出新闻型期刊、新闻和理论并举型期刊，再到理论研究型期刊，这也反映出人民代表大会制度的理论研究不断走向深化。学界还早就提出期望，等"人大学"这一学科正式确立之后，"人大学"的研究将会成为人大理论研究的主要内容[②]。反过来，人大理论研究的蓬勃发展，也会极大促进"人大学"的学科化发展。

三、以期刊为平台的"人大学"理论研究状况

《人大研究》是目前唯一一家以人民代表大会制度为主的理论研究型期刊。与

---

① 《人大研究》，2014年第12期。在2005年前后，西南政法大学人民代表大会制度与宪政研究中心曾主办过《天宪》一刊物，定为年刊。根据该刊简介，这是我国理论学术界的一本在根本大法的基础上，将人民代表大会制度与政策法规进行同步理论和学术方面研究的专业性理论刊物，并相应开设有"天宪"网。但是，后来并没有得到发展。

② 云光：《倡议确立人大学》，《人大研究》1993年第2期。

全国其他各地人大的期刊类似，《人大研究》的前身《甘肃人大》，是以工作文件的交流和新闻宣传为主的期刊。自 1991 年第 7 期起，《甘肃人大》更名为《人大研究》，由新闻和理论研究并举型期刊改为理论研究型期刊，并在 1992 年第 1 期易名为《人大研究》。该刊注重发表理论性、实践性、探讨性较强的人大研究文章，以"研究政治民主制度、探讨人大建设理论、总结人大工作实践、追踪人大发展趋势、革新人大工作方法、开拓人大研究领域"为己任，并力倡"人大学"的建立和建设，在全国范围内邀请对人大研究领域有造诣的专家、学者和实践工作者在刊物上举办"人大学笔会"，为"人大学"的诞生呐喊、奠基、催产。[①] 此外，在积极组织和刊发"人大学"研究的文章之外，《人大研究》还在每期举办"有奖阅刊赛"，鼓励和引导读者通过答题、手抄答题内容等方式，进一步加强期刊的宣传和思想交流实效。

同时，有些高校的学报期刊还成立了专门的人大研究专栏。如，《四川理工大学学报》[②]（人文社科版）就设置了"人民代表大会制度研究"的专栏，并邀请了全国在人大研究领域有知名度的研究专家，如河北省人大原财经委主任、我国第一部《人大学》研究专著的作者王清秀老师担任栏目主编。栏目还通过与课题组合作的形式，定期组织刊发人民代表大会制度研究的文章。在本课题的研究过程中，笔者就曾与该期刊的研究专栏进行合作，以期进一步将该领域的研究专家组织起来，为相关的研究搭建起一个学术交流的有效平台（参见下图 3-1）。

---

① 蜀陀螺:《人大学与人大期刊的走向》,《人大研究》1992 年第 5 期。
② 已更名为《四川轻化工大学学报》(人文社会科学版)。

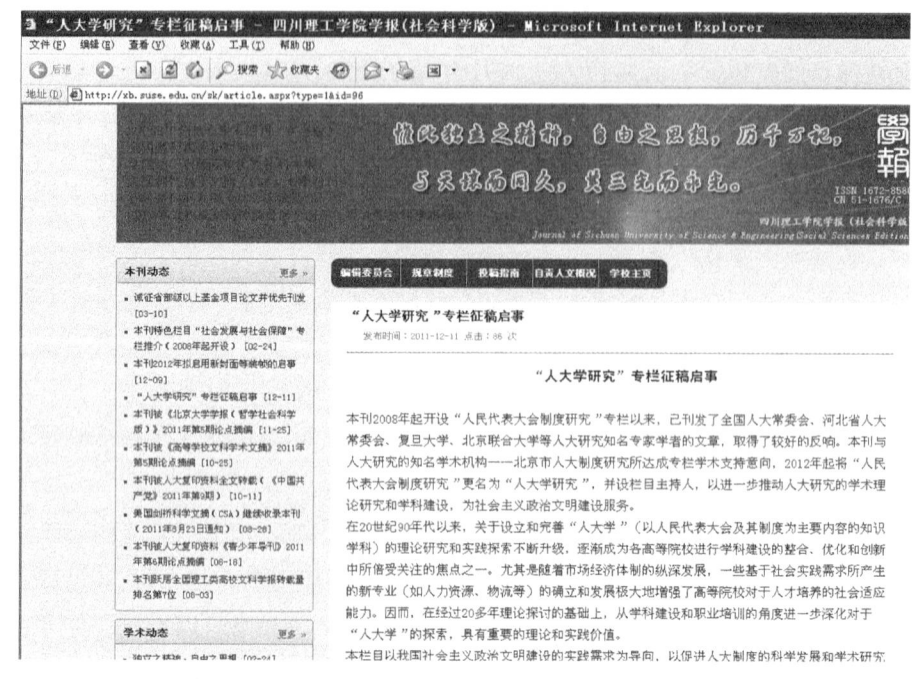

图 3-1 《四川理工大学学报》的"人民代表大会制度研究"专栏

四、早期研究的主要成果简介

从目前所搜集的资料来看，早期相关研究主要以会议研讨和期刊论文为主。以 1992 年度刊发的《人大研究》期刊为例，研究内容主要涵盖实践的呼吁、学科建立必要性和学科科学化研究方法的确立等方面，现在看来仍然具有积极的理论和实践价值（参见图表 3-1）。

表 3-1　1992—1993 年《人大研究》刊登的"人大学"研究的相关论文

序号	作者	文章标题	刊发期卷	备注
1	周鹄昌	实践呼吁"人大学"	1992（1）	P46-47
2	席飞跃 金巨华	政治学、法学、人大学理论文章篇目辑览	1992（1） 1992（2） 1992（3） 1992（4）	P50 P46 P42 P42
3	程湘清	人大学是一门独立的社会科学	1992（4）	P6-7
4	吴家麟	建立人大学的几个断想	1992（4）	P8-10

续表

序号	作者	文章标题	刊发期卷	备注
5	周鹄昌	人大学的研究方法	1992（4）	P10-11
6	卓越	人大学学科建设之我见	1992（5）	P6-7
7	鲁士恭	简议建立人大学的必要性	1992（5）	P8-9
8	夏瑞璋	积极建设人大学	1992（5）	P10-11
9	蜀陀螺	人大学和人大期刊的走向	1992（5）	P30-31
10	阚珂	关于建立人大学的若干思考	1992（6）	P6-7
11	李立秋	关于创立中国人大学的设想	1992（6）	P8-13
12	郭道晖	当前人大学首要的是完善人民代表大会制度的研究	1992（7）	P6-8
13	浦兴祖	关于创建人大学的几点浅见	1992（7）	P9-10
14	刘传琛	建立人大建设学是非常必要的	1992（8）	P6-7
15	尹万邦	人大研究应成为一门独立的学科	1992（8）	P8
16	田虎	关于开展人大学研究的几点思考	1992（8）	P9-10
17	云光	倡议确立人大学	1993（2）	P16

从已有的研究成果来看，认为成立人大学是非常必要和可行的。许多学者认为，创建一门独立的人民代表大会制度学，对人民代表大会制度进行系统、深入、科学的理论研究，已是势在必行。

五、关于人大期刊理论化的启示

人大期刊理论化是人们对人大期刊可读性认识深化的结果。一开始的时候，人们总认为只有浅显的人大宣传文章，才具有可读性。也难怪，游泳者，总喜在浅水区下水，后到深水区方觉浅水区的乏味和深水区的乐趣。的确，浅显的宣传报道类文章很容易在茶余饭后就随心一阅，而有新意、有深度、有高度的理论文章，总需要在相对长的大段时间里静下心来方可品读，而这才是期刊区别于"报纸""报道""消息"的价值所在。人大期刊理论化的过程，从另外一个侧面也反映了更多人大工作的实践者和研究专家的理论反思，这也是人民代表大会制度不断走向成熟的真实写照。

从学科化建设的角度来看，人大期刊的理论化更是人大实践发展催化人大学诞生的结果。一般而言，许多实践最初并无自己的理论或者说自己的理论是匮乏的。实践催生理论，理论反哺实践。对于人民代表大会制度而言，只有当人大实践发展到一定阶段后，才有可能同理论联姻，才有可能在理论和实践相结合的基础上孕育出相应的科学体系。

当然，在人大自己的科学理论成熟之前，我们并不能否认人大实践对相关学科的依赖，因为任何一门科学的成长都离不开汲取相关学科的营养。

第二节 高校人大研究机构建设的先期探索

对民主、自由怎么看，在我们的一些青年中，在我们的一些干部和知识分子中，还需要统一思想、提高认识。[①]

——江泽民

由于人民代表大会制度的亲实践性，为保证高校学术研究的质量和学术水平，近年来，高校探索出了一条理论结合实际研究的新路子：就是地方人大常委会与地方所属高校联合成立人民代表大会制度的专门研究机构，并在搭建学术平台、培养师资力量、联合进行课题攻关和为社会提供智库服务等方面做出了积极的探索。2004年4月，北京市人大与北京联合大学成立了全国第一家专门的人民代表大会制度研究机构，这不仅开创了国家根本政治制度与高校教育科研体系结合的新路径，而且对现代高等教育学科建设的专业整合与创新积累了宝贵的经验。

---

① 江泽民：《关于坚持和完善人民代表大会制度》，《上海人大月刊》，1991年第3期。

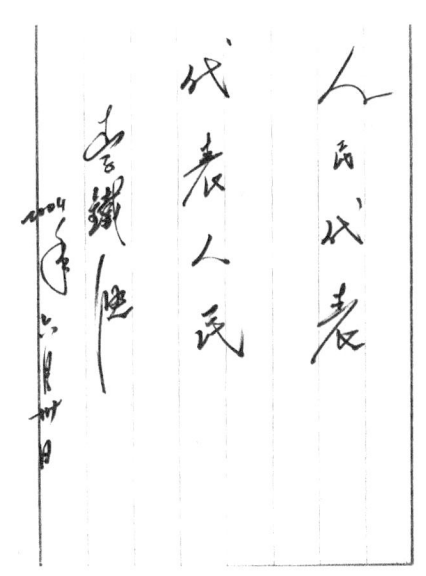

图 3–2　第十届全国人大常委会副委员长李铁映为人民代表大会制度研究所题词

一、搭建学术交流的平台

21 世纪以来，人民代表大会制度研究的最明显的变化就是人大研究工作者走向了职业化。这种职业化，是以高校教师为主体，在以高校研究院所为平台的基础上发展起来的。

● 1998 年 9 月，北京大学法学院成立了人民代表大会与议会研究中心。该研究中心是一个开放性的研究机构，其专家学者群体除北京大学的教授外，还包括中国政法大学、清华大学、中国社会科学院和全国人大常委会的著名学者和专家。

● 2003 年 7 月，由湖北省人大常委会和中南财经政法大学共同建立的湖北地方立法研究中心在武汉成立，这是我国省级权力机关与高校成立的第一家地方立法研究机构。

● 2004 年 4 月 20 日，北京市人大和北京联合大学发挥各自优势，适时成立了人民代表大会制度研究所，为促进人民代表大会制度的研究做出了重要探索，被誉为"中国第一个专门从事人民代表大会制度理论与实践研究的学术研究机构"。[①]

---

① 人民代表大会制度研究所编：《地方人大常委会 30 年——重大事件回放与点评》，北京：人民日报出版社，2010 年，第 203—207 页。

- 2005年6月22日,西南政法大学成立"人民代表大会制度与宪政研究中心",集中研究我国人权法治的建设。
- 2006年12月17日,复旦大学成立选举与人民代表大会制度研究中心,该研究中心依托复旦大学国际关系与公共事务学院,成员由复旦大学相关院系的教学科研人员和来自相关人大常委会实际工作部门与相关研究机构的特邀研究人员构成。

其中,北京市人大和北京联合大学成立的人民代表大会制度研究所,因为具有比较成功的运作模式和管理制度,取得了一些比较突出的成绩,如定期举办区县人大干部研修班等。根据研究所成立时的职能定位,该研究所的主要职能是进行人民代表大会制度的理论研究与实践研究,包括人大工作新情况的调查、新经验的总结和新问题的探索。同时进行各级课题的申报和研究,完成合作双方交办的有关调研课题;组织翻译国外有关学术著作,开展国外议会制度的研究;举办学术理论研讨会,开展多种形式的学术交流与合作;组织社会调研,总结人民代表大会的实践经验;根据地方各级人大工作需要进行有关干部培训活动等。[①]

实践证明,这些专门的人大(议会)研究机构的成立,解决了人员队伍比较分散、研究力量不足的问题,将在高校的相关专业人才和从事人大工作的同志有机地结合起来,共同开展人民代表大会制度的研究,形成了人大理论与实践结合研究的有效合力。

二、联合各方力量进行课题攻关研究

积极发挥人大实践工作者和理论工作者各方的优势,通过联合进行课题申报、专题调研等方式,积极承担各级各类课题项目的联合攻关,取得了一批具有代表性的学术研究成果。

(一)联合进行课题申报

为全面总结本市各级人大及其常委会在推进首都民主法制建设中取得的成绩和经验,贯彻落实科学发展观,进一步加强和改进人大工作,更好地推进首都民主法制建设,北京市人大理论研究会组织市人大常委会办公厅、法制办、内司办、财经办、研究室、代表联络室、人事室、人民代表大会制度研究所、海淀区人大

---

① 人民代表大会制度研究所简介,http://rds.buu.edu.cn/col/col9483/index.html,2013年10月13日。

常委会等理事单位，组成相应课题组，与人大研究所一起，联合进行10多项课题的申报，组织开展课题研究，保证了各自优势的充分发挥。

（二）联合进行课题研究的专题调研

自2004年以来，北京市人大常委会和北京联合大学人大研究所联合进行课题的专题调研，共完成课题有10多项，包括"扩大公民有序政治参与的基本途径研究""构建和谐社会和坚持与完善人民代表大会制度""北京市人民代表大会常委会讨论决定重大事项立法""北京市乡镇人大建设"等课题项目的专题调研。这些调研，为学术研究者提供了很多的实践机会，也获得了宝贵的第一手资料，为保证课题的学术研究质量奠定了较好的基础。

（三）积极承担各级各类人大课题研究项目

从人大研究所成立以来，不仅与北京市人大联合申报并承担了一定的课题项目，而且还得到了国家社科基金项目、北京市哲社基金项目、北京市社科联基金项目以及北京市教委的基金项目支持。

表3-2 人大研究所曾承担的主要课题项目（部分）

序号	项目名称	项目来源	项目级别	立项时间
1	加强人大常委会依法行使监督权的途径研究（12BZZ010）	国家社会基金	国家级	2012-06-01
2	中国特色社会主义的北京的实践研究（13ZDA01）	北京市哲学社会科学重大招标项目	省部级	2013-07-01
3	坚持和完善人民代表大会制度，进一步提高北京市各级人民代表大会会议质量和实效研究（2013-JC-005）	北京市重大决策咨询课题	省部级	2013-04-16
4	物业管理矛盾纠纷预防和处置机制研究	北京市建委	局委办	2013-04-13
5	完善人大及其常委会预决算审查监督机制研究（13BZZ034）	国家社科基金	国家级	2013-06-10
6	人大专门委员会制度研究（12ZBB04）	中央编译局	省部级	2012-09-27
7	区县和乡镇人大换届选举中难点问题透视	北京市人大理论研究会	委办局	2011-06-27

续表

序号	项目名称	项目来源	项目级别	立项时间
8	北京市基层群众自治制度建设的现状、问题与对策（09AbKD074）	北京市哲学社会科学规划办	省部级	2010-09-26
9	西藏长治久安的法治对策研究（XZ1001）	国家社科基金	国家级	2010-08-08
10	首都文化立法规划与文化法规体系构建研究	北京市人大理论研究会重点课题	委办局	2013-06-01
11	阳光法案的功能定位与风险对策（11FXB006）	北京市哲学社会科学规划办	省部级	2011-11-29
12	代表理论与人大代表结构优化问题研究	北京市人大理论研究会重点课题	委办局	2011-05-06
13	人大执法检查监督方式研究	北京市人大理论研究会重点课题	委办局	2010-05-06
14	提升人大及其常委会公信力研究	北京市哲学社会科学规划重点项目	省部级	2013-07-01
15	乡镇人大主席团常设性研究	北京市人大理论研究会重点课题	委办局	2010-06-06
16	排除个案监督的人大司法监督如何维护社会公正	北京市人大理论研究会重点课题	委办局	2011-03-16
17	"地方立法前评估问题研究"	北京市人大理论研究会一般项目	委办局	2013-06-01
18	创新社会管理模式推进流动儿童问题的解决（SM201311417010）	北京市人大理论研究会重点课题	委办局	2013-04-01
19	世界城市视野下的北京地方立法问题研究（13JDFXB004）	北京市哲学社会科学规划项目	省部级	2013-06-28
20	地方特色是地方立法的重要价值——兼论北京地方立法特色的实现路径	北京市人大理论研究会重点课题	委办局	2011-06-01
21	科学发展视野下的地方立法功能研究法学（PHR201108409）	北京市教委	市教委	2011-04-01
22	民意表达与社会矛盾化解的根本途径探究（10AbKD097）	北京市哲学社会科学规划办	省部级	2010-10-13
23	"人大学"的学科建立及其实践教学探索（PHR201108427）	北京市教委	市教委	2010-10-21

续表

序号	项目名称	项目来源	项目级别	立项时间
24	财政预算监督：区县人大的探索与启示	北京市人大理论研究会重点项目	委办局	2011-05-19
25	人大代表联系选区（社区）制度的理论与实践	北京市人大理论研究会	委办局	2010-06-20

三、提供专业的决策智库服务

人大专门研究机构的成立，以及研究人才队伍的专职化，在很大程度上促进了研究成果的专业化质量提升，形成了一批具有代表性的学术研究成果，不仅为全国和地方人大干部和人大代表的培训提供了支持，而且为国家决策提供了专业的智库服务。

（一）出版刊发了一批有代表性的学术成果

以人民代表大会制度研究所为例，自2004年成立以来，开展了与人民代表大会制度和政治文明建设相关的多项研究，出版多部学术著作，其中有《与人民代表谈》丛书一套共4部及《海淀人大现象》《北京市人大街工委建设实录》《政治文明与中国特色社会主义》《政治文明建设30年研究》（上、下册）、《地方人大常委会设立30年研究》、《地方人大常委会设立30年重大事件》等图书出版后引起社会和学界的广泛关注，成为畅销图书。此外，《北京乡镇人大发挥职能作用情况》等课题研究报告，得到北京市人大常委会领导的批示，作为文件下发各区县人大广泛学习，产生了很好的社会效果。

（二）举办年度性人大干部研修班

由于人大工作具有鲜明的任期届别，每五年换届一次后都会产生大量的新生代表。而人大代表工作具有很强的实践性，对如何提出建议和议案等格式化工作，以及如何审议政府预算等专门化工作，都需要有侧重点地进行代表培训。通常，这些工作由基层人大常委会机关研究室承担，由2—3人组成的培训队伍要组织编写教材，还要负责好培训工作的后勤保障，具有较大的工作难度。人大专门研究机构的成立，可较好地解决培训教材编写和培训师资队伍的建设问题，极大地促进培训工作的专业和专门化，并可为相关研究领域的学术交流提供便利。以人大研究所为例，自2004年以来，研究中心先后举办了六届"北京市区县人大干部研修班"，受到了北京市人大领导和各区县人大的一致肯定。自2006年以来，研究中心会同武汉大学"政治文明与发展研究中心"连续举办了五届"政治文明论坛"，相关研究成果随即结集出版发行，极大地促进了理论和实践界研究力量的聚合。

（三）加强研究智库服务

在实践发展的基础上，研究中心积极促进网络信息平台建设，不仅及时搭建了人大研究的网站，还建立了人大与议会研究资料的专门数据库，并为领导决策适时提供决策咨询报告等智库服务，不仅可为研究中心的长远发展打下坚实的信息平台基础，也提高了智库服务的专业化水平。

四、小结

总的来看，人民代表大会制度在高校的教学科研已有较丰富的前期实践探索。目前，北京大学、西南政法大学、深圳大学、复旦大学等高校都成立了专门的人大（议会）研究机构。而且，从各级人大代表的数量确定到人大代表培训和研修机制的完善，这对高校的学科建设与发展提出了要求。总的来说，立足于高等教育的教育教学和科研条件，如能得到地方教委和学校的经费支持与条件保障的话，对"人大学"学科进行科学化体系的建构，这对国家治理体系和治理能力的提升将提供坚强的支撑。

值得肯定的是，近年来经过各方面的共同努力，我国人民代表大会制度、人大工作理论研究领域已经形成了具有一定规模的研究力量，建立了相关研究平台和载体，形成了一批研究成果。这些成绩应当予以充分肯定，但也要看到，无论是全国人大常委会还是地方各级人大，在加强和深化人民代表大会制度理论研究方面还有大量工作要做。近年来，全国和各地方人大纷纷成立人民代表大会制度理论研究会，这进一步凸显了加强和改进人大理论研究工作的现实必要性。

第三节　各地人大制度理论研究会建设的基本情况

中国人民代表大会制度理论研究会的成立,这是人大制度理论研究领域的一件大事,也是人民代表大会制度发展历程中的一件大事。[①]

——张德江

人大研究会是一个平台和载体,我们要通过它来组织、协调、整合人大理论研究力量,有计划、有重点地开展理论研究、工作研究和成果交流,推动人民代表大会制度理论研究工作全面持续深入展开。我们要以成立研究会为契机,加强和改进人民代表大会制度理论研究工作的统筹规划、组织联络和交流研讨,扎实起步,明确思路,突出重点,凝聚力量,密切上下工作联系、工作协同和工作交流,以理论研究新成果不断提高人大工作水平,努力开创人民代表大会制度理论研究工作新局面。

一、中国人民代表大会制度理论研究会的成立

2014年1月7日,中国人民代表大会理论研究会在北京宣告成立,这是人民代表大会制度理论研究领域的一件大事,也是人民代表大会制度发展历程中的一件大事。这将极大地加强人民代表大会制度的理论研究,有助于推动人民代表大会制度的纵深发展。

理论上的成熟是政治上坚定的基础,理论上的发展创新是行动上开拓前进的前提。全国人大常委会委员长张德江在成立大会上说,我们成立人民代表大会制度理论研究会,就是要搭建一个平台,组织人大工作者和理论研究者,总结我国人民代表大会制度的发展经验,研讨人民代表大会制度理论和实践问题,探索人民代表大会制度的特点和人大工作的规律,增强人大工作的思想性、原则性、系统性、前瞻性,为做好新形势下人大工作建言献策。这是贯彻落实中央精神、推动人民代表大会制度和人大工作与时俱进的一项重要举措。

---

① 《加强人大制度理论研究　推动人大制度与时俱进——张德江委员长在中国人民代表大会制度理论研究会成立大会上的讲话》,《中国人大》,2014年第2期。

二、各地人大理论研究会建设的基本情况

事实上，在全国人大成立研究会之前，在全国范围内，各省、自治区和直辖市人民代表大会常务委员会都已经成立了不少类似的研究会，开展了多种形式的工作，发挥了不同程度的作用。据调查，在全国31个省、自治区、直辖市(不包括港、澳、台地区)人大常委会中，成立人民代表大会制度研究会的占绝大多数，既有在省级人大常委会层面设立研究会的，也有在县、市、区层面设立研究会的。①

表3-3 各地人大设立人大制度研究会概况统计表

序号	名称	章程	会员（理事）数量	会长	独立办公场所	经费	主管单位
1	黑龙江省宪法和人大建设理论研究会	有	团体会员10个，个人会员36名	省人大常委会副主任（退休）	不详	不详	省人大常委会研究室
2	山东省人大工作理论研究会	有	理事65名	省人大常委会副主任（退休）	无	无专项经费	省人大常委会研究室
3	湖北省地方人大工作研究会	有	团体会员4个，个人会员285名	省人大法制委主任委员（在职）	无	不详	省人大常委会办公厅
4	河北省人大建设研究会	有	理事126名	省人大常委会副主任（退休）	不详	不详	省人大常委会办公厅
5	江西省人大工作理论研究会	有	个人会员167名	省人大常委会副主任（退休）	无	无专项经费	省人大常委会办公厅
6	山西省人大工作与理论研究会	有	理事97名	省人大常委会副主任（退休）	无	不详	省人大常委会办公厅
7	辽宁省人大理论研究会	不详	不详	不详	不详	不详	不详
8	江苏省人大工作理论研究会	有	理事35名	省人大常委会副主任（退休）	不详	专项经费每年50万	省人大常委会办公厅

---

① 各地研究会的名称不一，具体见后面调查的结果梳理。为了表述上的方便，本书采用"人大制度研究会"作为这一类研究会的统称。

续表

序号	名称	章程	会员（理事）数量	会长	独立办公场所	经费	主管单位
9	安徽省人大工作研究会	有	不详	省人大常委会副主任（退休）	不详	专项经费每年40万	省人大常委会办公厅
10	广东省人民代表大会制度研究会	有	理事60名	省人大常委会副主任（退休）	有	成立基金会，具体数字不详	省人大常委会办公厅
11	福建省人大制度研究会	有	理事65名	省人大常委会副主任（在职）	无	不详	省人大常委会研究室
12	四川省人民代表大会制度研究会	有	个人会员100名，团体会员21个	（退休）	无	团体会员每年缴纳3千元会费	省人大常委会办公厅
13	重庆市人大制度研究会	有	不详	省人大常委会副主任（退休）	不详	不详	省人大常委会办公厅
14	云南省人大制度理论研究会	有	个人会员145名	省人大常委会副主任（在职）	无	3万元（成立时一次拨付）	省人大常委会办公厅
15	陕西省人民代表大会制度研究会	有	不详	省人大常委会副主任（退休）	无	不详	省人大常委会研究室
16	湖南省人民代表大会制度研究会	有	350名会员（第一届）	省人大常委会副主任（在职）	无	不详	省人大常委会办公厅
17	青海省人大制度理论研究会	有	66名理事，16名常务理事（第一届）	省人大常委会副主任（在职）	有	不详	省人大常委会办公厅
18	北京市人大理论研究会	有	理事119名	省人大常委会副主任（退休）	无	专项经费45万元	市人大常委会办公厅
19	宁夏人大工作研究会	有	个人会员280名，单位会员100个	省人大常委会副主任（退休）	无	每年20万元	自治区人大常委会办公厅

续表

序号	名称	章程	会员（理事）数量	会长	独立办公场所	经费	主管单位
20	上海人大工作研究会	有	118名会员	市人大常委会秘书长（在职）	有	有	

数据来源：上海人大工作研究会、上海社科院法学所联合课题组.坚持和完善人民代表大会制度的重要平台——各地人大制度理论研究会状况调研[J].人大研究，2013（07）：18-26.

第四节 "人大学"学科化建设的主要资源

发展社会主义民主政治，最根本的是要把坚持党的领导、人民当家作主和依法治国有机统一起来。党的领导是人民当家作主和依法治国的根本保证，人民当家作主是社会主义民主政治的本质要求，依法治国是党领导人民治理国家的基本方略。[1]

——胡锦涛

在20世纪90年代初期，吴家麟教授曾说："必须把人民代表大会制度作为一门科学来研究。甘肃省《人大研究》杂志提出建立一门独立的学科——'人大学'的建议，是很有远见的，我举双手赞成！"[2] 郭道晖教授指出，就人大的几项基本权力与职能来看，有的已经形成了学科，如立法权、监督权，"既然上述人民代表大会制度中的几个重要组成部分可以独立成为一门学问，当然涵盖这一切的'人大学'也是可以成立的"[3]。当时还有多位法学界前辈学者也参与了讨论并给予了积极的支持。如今，30多年过去了，当学科整合和优化再次成为高校教学改革与发展的推动力，艺术学、电子商务学等学科都应运而生的时候，"人大学"的学科建立仍然没有被提上议事日程。对此，还需从国内外高校关于学科建设的前期探索

---

[1] 胡锦涛：《在首都各界纪念中华人民共和国宪法公布施行二十周年大会上的讲话》，《人民日报》，2002-12-05。
[2] 吴家麟：《建立人大学的几个断想》，《人大研究》，1992年第4期。
[3] 郭道晖：《当前人大学首要的是完善人民代表大会制度的研究》，《人大研究》1992年第7期。

中寻求可供借鉴的有益经验。

一、过去人大制度发展积累的历史资源

中国当代政治制度的形成和发展，有其深刻的社会历史根源。1840年以后，由于西方列强的入侵和封建统治的腐败，中国逐渐沦为半殖民地半封建国家。面对空前深重的民族危机，许多仁人志士上下求索，奔走呼号，围绕在中国建立什么样的政治制度和政权组织形式提出了种种主张，各种政治力量展开了激烈斗争，进行过无数次尝试。中国资产阶级改良派、革命派和各种第三势力试图仿照西方资本主义国家政治制度模式，建立资产阶级君主立宪制、共和制、总统制等政治体制，最终都归于失败。

作为国家的根本政治制度，人民代表大会制度是我国人民民主专政的政权组织形式，至今已有近70年的发展历史，积攒了宝贵的正反面发展经验，亟待从理论上加以系统总结和研究。同时，也亟待从理论上进一步论证这一制度的性质、地位、作用、特点，它的合理性、可行性、优越性，它与三权分立的西方议会制的区别，以及如何继续完善这一制度等等，以使更多的干部、群众认识人民代表大会制度、自觉坚持人民代表大会制度。[①]尤其是，当时在中国这样一个有5000多年文明史、几亿人口的国家建立起人民当家作主的新型政治制度，在中国政治发展史乃至世界政治发展史上都是具有划时代意义的。[②]新中国成立70多年来，我们不仅积累了相关的经验和教训，具有丰富的人大工作经验，而且还有许多积极有效的地方创新，这都为创建并开展人民代表大会制度学的研究提供了丰富的历史资料。尤其是，在党的领导、人民当家做主和依法治国等方面形成了丰富的理论和实践经验，形成了相对完善的理论体系，这为其科学体系化的建构积累了重要的理论与实践等方面的必要基础。

二、前期相关教学积累的实践经验

人民代表大会制度作为中国特色社会主义制度的重要组成部分，是我国社会主义政治文明建设的重要制度载体，既包含着一系列紧密联系、相互贯通的重要政治思想和理论原则，又是一整套构建科学、运转协调的重要政治制度和行为规

---

① 浦兴祖：《关于创建人大学的几点浅见》，《人大研究》1992年第7期。
② 习近平：《设计和发展国家政治制度 要从国情出发从实际出发——在庆祝全国人民代表大会成立60周年大会上的讲话》，《中国人大》，2014年第18期。

范,在高等教育和科研中具有不可替代的重要地位。

从高校科研实践来看,自2004年以来,人民代表大会制度研究所作为北京市人大和北京联合大学的结合,成为全国首家专门的人大制度研究中心,近年来积累了一些宝贵的经验。从教学实践来看,早在2005年,青岛市人大常委会就与海洋大学有相关的实践教学探索经验可以借鉴。目前,北京大学、西南政法大学、深圳大学、复旦大学等高校都成立了专门的人大(议会)研究机构,并承担起一定的教学任务。

表3-4 高校系统的主要人大研究机构基本情况一览表

院校	名称	成立时间	网站	主要活动	重要著作
北京大学	"人民代表大会与议会研究中心"	1998年9月	人大与议会网 http://www.e-cpcs.org/	举办季度论坛、开展课题研究、举办宪政讲堂、提供人大工作咨询、开展培训和交流、出版研究成果。	《人民代表大会工作全书》《人民代表大会与议会研究丛书》
北京联合大学	北京联合大学"人民代表大会制度研究所"	2004年4月	人民代表大会制度理论与实践网 http://rds.buu.edu.cn/	翻译国外有关学术著作、举办学术理论研讨会、组织社会调研、进行有关干部培训活动。	《与人民代表谈》丛书一套共4部
西南政法大学	西南政法大学"人大制度与宪政研究中心"	2005年6月	天宪网 http://www.txwtxw.cn/	调查研究、学术交流、资料收集。	《天宪》学术年(2005年创刊)
复旦大学	复旦大学"选举与人大制度研究中心"	2006年12月	选举与人大制度研究网 http://www.fepcc.org/	学术研讨会、课题研究、学术讲座、社会服务、社会调查。	《当代中国政治制度》《制度等待利益:中国县级人大制度模式研究》

近年来,高等教育新学科的创设和教学新理念的提出,也为"人大学"的学科化建设提供了良好的机会和学术氛围。一是,立法学的创设。在以周旺生教授为代表的学者们的努力下,我国立法学的设立已得到认可和各大高校的推广,这

为"人大学"的学科化建立奠定了一定的基础，不仅积累了较丰富的实践经验，形成了一大批丰硕的研究成果，而且汇聚了一大批从事人大立法研究的教学科研工作者。二是，马克思主义学院的大范围大规模创设。近年来，随着许多高校纷纷建立马克思主义学院，这为"人大学"的开创也搭建了广阔的教学和研究平台。三是，课程思政教学理念的提出和全领域推广普及。相比于其他政治制度而言，人民代表大会制度具有内涵深刻和结构完整的科学思想体系，是马克思主义中国化理论成果的重要组成部分。尤其是，随着课程思政和思政课程建设的深入全面开展，关于人民代表大会制度的教学和研究专门化的条件也越来越成熟。

三、世界主要发达国家有比较成熟的可借鉴经验

从世界主要发达国家的经验来看，进行议会和政府教育，促进公民有序的政治参与，这是涵盖了全民的国民教育体系的重要内容。虽然，在美国，没有明确的"国会学"，但却有运行了近百年的体系完备的"公民学"；在英国，不仅已在相关大学设立"议会学"，而且将议会教育的相关内容已融合到每一位公民的"人格社会健康"（"PSHE"，Personal Social Health Education）等教育体系。这些项目的运行，为培养公民的政治素养，训练公民的有序政治参与，以及促进本国人民和外来移民的政治认同发挥着积极的作用。

在美国，自19世纪中叶起，就在考虑如何应对公民民主教育的挑战。直到今天，美国的许多州都要求要讲授美国国家和州的历史，以帮助学生理解美国国家建立的思想、史实和重要人物。他们还被要求将国家成长的故事植入世界和人类历史进步的大背景中，寻求进一步的思考和启发。许多人认为，对学生进行公民和政治理论教育，能够有助于他们理解在国家、州和地方各个层面的制度承续和政府运作。正如杰弗逊和美国许多开国者所认识到的，美国之所以能够在代议民主制中存续，得益于每一代的公民都需要受到宪法、政府体系、公民政治参与方面的权利和责任教育。

自2000年以来，英国向当地学校推出了PSHE（Personal Social Health Education）国民教育项目，这是英国国民教育许多形式的一个典型组成部分。其中，有许多课程是必修的，也有一些可以根据个人兴趣来进行选修的课程，并通过网站、期刊和青年议会等途径，提供内容丰富、形式多样的议会教育内容。在学校的教学负责人看来，PSHE项目的实施有助于促进青少年个体的成长和社会共同体的形成。

此外，自1998年成立以来，英国青年议会为英国11岁至18岁的青年教育和社会参与提供了很好的途径和锻炼平台，也是唯一一个获准有资格可在英国下议院召开会议的国家组织。该组织通过两年一度的民主选举，以及每年大规模的民主议题选举投票，带动了英国90%以上选区青年的广泛参与，而且每年参与的人数还在大幅递增。从英国青年议会发展的主要历程可以看出，其主要成长过程中的每一步，可以说都受到了议会下议院、上议院、政府部门、大中院校的广泛关注和支持。

表3–5 英国青年议会发展的主要大事记（节选）

年份	主要内容
1998	AndrewRowe议员向议会下院提交了耗时10分钟的规则法案，建议成立青年议会。
1999－2001	英国青年议会在议会下院成立并在伦敦举办了第一次全国会议，得到了各政党的大力支持。
2004	90%的地方政府当局跟英国青年议会签署了合作协议。
2005	英国青年议会通过国际合作建立了世界范围的青年议会。
2007	前首相GordonBrown同意青年议会可利用议会下议院的议室召集会议
2008	通过投票观测，约有超过50,000,000的青年参与了青年议员的选举。
2008	作为英国青年议会运动的直接结果，政府宣布计划将"性别与关系"教育作为法定课程。
2008	英国青年议会首次接任上议院同意全国竞选优先议题。
2008	首次青年议会颁奖仪式在议会举行
2009	议员首次投票允许青年议会的成员可在下议院会议室
2010	英国青年议会在北爱尔兰举办10周年庆典会议
2010	继普选之后，议员投票以压倒性的多数同意青年议会在其存续期间内，每年都可以使用一天的下议院会议室。
2011	英国青年议会在利兹（Leeds）市举办了年度会议。

资料来源：英国青年议会官网，http://www.ukyouthparliament.org.uk/about/，2013.11.23。

而且，这种支持的广度和深度还在不断加强。管理和组织英国青年议会的英国青年委员会，最近又得到了一项新的使命，那就是领导开展英国青年之声的服务。青年之声，将会引导青年为当地和国家政府部门的决策做出更为实质性的参与和影响，而这也将为英国青年议会带来持续性的有效支持。从社会效果来看，这不仅是对青少年展开世情国情教育的有效平台，而且也是对联合国青年发展衡量指标的成功践行：青年参与，已成为民主社会不可或缺的一部分。①

"你知道吗：青年参与往往能带来更好的决策结果，因为这本身就是民主社会不可或缺的一部分。"② 在联合国的官网上，不仅将青年的社会参与作为青年发展衡量的重要指标之一，而且在对青年发展衡量指标进行全文公布之后，又附加了这么一个引人深思的问题。

---

① 周长鲜：《英国青年议会及其对国家认同的塑造机制》，《新视野》，2016 第 1 期。
② 《联合国青年议题》，http://www.un.org/chinese/esa/social/youth/indicators.htm，2013.11.23.

第四章 "人大学"学科化建设有待解决的主要问题

> 科学研究的区分,就是根据科学对象所具有的特殊的矛盾性。因此,对于某一现象的领域所特有的某一种矛盾的研究,就构成某一门科学的对象。[①]
>
> ——毛泽东

改革开放以来,我国理论界呈现出一个百花齐放的动人景观,涌现出许多新学科。比较常见的有这么两种类型:一类是适应当代科学发展整体化趋势而形成的综合性、横向性、边缘性的学科,如领导学、人才学等,这类学科大都属于应用性学科,涉及学科领域较广。另一类是适应当代社会不断分工的需要而在原有基础学科之下产生新的分支,这类学科具体又可分为新生型与恢复型。[②] 作为一门新兴学科,人大学的学科界定还有待于进一步深入探讨。

[①] 《毛泽东选集》,北京:人民出版社,1991年,第309页。
[②] 卓越:《人大学学科建设之我见》,《人大研究》,1992年第5期。

第一节 "人大学"的学科性质和定位

"欲事立，须是心立。"加强思想教育和理论武装，是党内政治生活的首要任务，是保证全党步调一致的前提。[①]

——习近平

邓小平同志在《坚持四项基本原则》一文中曾强调指出："政治学、法学、社会学以及世界政治的研究，我们过去多年忽视了，现在也需要赶快补课。"这表明，对政治学的拓深研究问题，早已引起党和国家领导人的重视。从国家各机关事务单位的职责配置、现代大学的发展走向以及国家智库建设的战略规划来看，高校在其中的责任承担与能量发挥自然是众望所至。其中，如何充分发挥人民代表大会制度在思政课程建设中的根本作用，仍需在坚持政治性和学理性相统一的基础上进行全面系统的研究。

一、"学科"与学科体系

学科是一定领域的相对独立的知识体系，是一定学科领域或一门科学的分支，是相对稳定的知识组合体。学科的发展是和科技的进步、社会的需求密切相关的。学科的概念和内涵是随着人们对学科的认识而不断发展和演化的。[②] 在高等学校中，学科是指相对独立的知识体系或学术分类，是高校教学、科研等的功能单位，是对教师教学、科研业务隶属范围的相对界定。[③]

学科建设是高校永恒的主题，是高校建设的核心，它不仅代表着学校的办学水平，更决定着学校的发展特点和优势。学科的水平决定一所大学的水平。[④] 只有高水平的学科才能在社会中产生信任感、认同感，因而才有可能承接重大科研项

[①] 习近平：《习近平谈治国理政》（第二卷），北京：外文出版社，2017年，第180页。
[②] 魏燕：《高校学科建设基本问题初探》，《教育教学论坛》，2011年第12期。
[③] 鲍泓：《关于北京联合大学"十二五"时期学科建设的认识与思考》，《北京联合大学学报（自然科学版）》，2012年第2期。
[④] 魏燕：《高校学科建设基本问题初探》，《教育教学论坛》，2011年第12期。

目，产生重大科技成果。近些年来，学科水平已成为大学办学水平、办学特色和社会知名度的主要标志。

学科建设是以知识创新（增长）为主要目标的过程，即在已有学科知识体系内，在学习知识的基础上，经过科研等创新性活动出现该知识体系原来没有的新知识，或通过多个学科交叉融合形成新的知识（如图4-1所示）。只有高水平的学科才能凝聚一批高水平的专家学者，只有建设高水平的研究基地，才能形成浓厚的学术氛围而立足学科前沿。

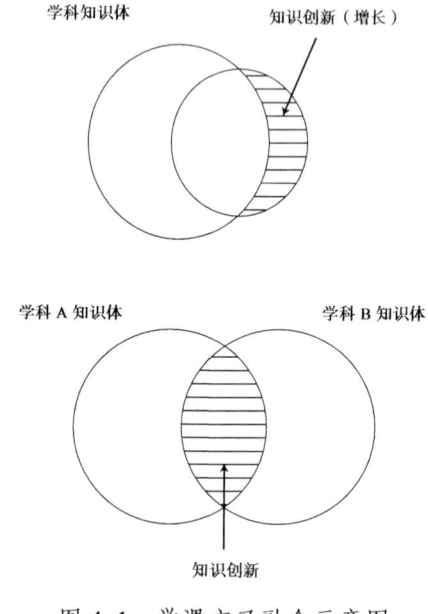

图4-1 学课交叉融合示意图

图表来源：鲍泓：《关于北京联合大学"十二五"时期学科建设的认识与思考》，《北京联合大学学报（自然科学版）》，2012年第2期。

学科建设中所指的学科具备两个显著特点：第一，符合国家标准（GB/T13745-2009中规定的基本条件）；第二，正式列入《学位授予和人才培养学科目录（2011年）》（以下简称新学科目录），并经国务院学位委员会批准，由高等学校或科研机构进行研究生培养及学位授予。[①]

[①] 鲍泓：《关于北京联合大学"十二五"时期学科建设的认识与思考》，《北京联合大学学报（自然科学版）》，2012年第2期。

国务院学位委员会发布的新学科目录根据其学术性质分为文学、历史学、哲学、教育学、经济学、法学、管理学、理学、工学、医学、农学、军事学和艺术学等 13 个大的学科门类，每个学科门类内又划分若干一级学科，每个一级学科根据实际学科的内涵分为若干二级学科（或称专业），专业下面设研究方向。"学科门类"是学科专业目录中的第一个层次，决定了授予学位的名称。就中国大学而言，有的学校学科门类齐全或较为齐全，有的学校则比较单一。所有学科（一、二级）的名称和代码都是固定的，不得随意更改。二级学科下设研究方向，研究方向是各单位根据情况设置的。比如，数据库技术只是一个研究方向，而不是研究生专业。

二、学科建设的基本任务

高校学科建设是一项综合性、系统性、动态性的基础工程。该系统工程由学科内涵建设、学科外延发展和学科建设管理等三个子系统组成。根据系统工程的观点，系统与子系统之间和子系统相互之间的联系和作用，构成了高校学科建设的体系结构。学科内涵建设是学科建设的核心，它主要涉及人才培养、科学研究、学术梯队建设、物质条件建设和重点学科建设等内容。其中，人才培养是学科建设的基本任务；科学研究是学科建设的根本任务；学术队伍建设是学科建设的关键；物质条件建设是学科建设的重要保障；重点学科建设是学科建设的核心。[①]

概而言之，学科建设有三项最基本任务：凝练学科方向、汇聚学术队伍、搭建研究平台（如图 4-2 所示）。

图 4-2 学科建设的基本任务

其中，凝练学科方向，是支持并引导教师、科研人员对本学科的发展前沿、

---

① 魏燕：《高校学科建设基本问题初探》，《教育教学论坛》，2011 年第 12 期。

地区实际需要、学校发展特色进行综合分析，论证并确定本学科的研究方向，逐步形成相对稳定的研究方向和比较明显的学科特色。汇聚学术队伍，是围绕各学科方向搭建结构合理的队伍，这也是实现学科建设任务的基本保障。带头人十分重要，但学科建设绝不是一个人的事，不管是哪个学院或部门，只要研究方向兴趣一致就应汇聚在一起，形成团队才有力量。最后，搭建研究平台，是要为学科建设提供软件、硬件和环境的支撑。①

三、做好学科建设的基本环节

随着高等教育教学改革的深入推进，学科建设已成为高校的一项战略性建设任务，成为教学、科研、人才培养的结合点，成为高校保证教学质量、提高社会服务水平的关键。随着高等教育的深入推进，高等教育中"学科"的概念已不是原来意义上的范畴了，不仅拓展了学科视野中的学科外延，而且极大丰富了纯学科意义上的学科内涵，反映在学科上不仅仅是某一知识体系的学科范畴，它还代表着一种专门化组织，承担着高层次（高端）人才的培养、高水平科学研究成果的产出和提供高质量社会服务的重任。②

一般来讲，新学科的建设需要满足一些基本条件：（1）学科方向明确；（2）学科教学梯队搭建合理；（3）具有较好的学科建设基地；（4）要与学位点的建设相结合；（5）要具有学科研究特色；（6）要能促进学术交流与合作；（7）要能服务社会发展需要。

相对照而言，"人大学"已具备相应的学科化建设条件。一是，作为国家思想政治教育的重要组成部分，具有鲜明的学科方向。二是，自"人大学"学科化建设提出 30 年来，已形成一批具有学术影响力的研究者，能够较好地把握和抓住学科前沿，打造出一批具有实力的教学团队。三是，学科基地建设与学科建设相结合，可为相关教学科研的发展提供较充足的开放性学科建设资源支持。四是，学科建设与科学研究相结合，可在人大立法与国有资产监督等方面形成理论与实践相结合的课题攻关团队，形成具有学科特色的学术理论成果。五是，学科建设可与学位点的建设相结合，培养各层次的专业人才。学位点建设，是学科建设的标志性内容之一。随着人大工作专业化水平的不断提高，人大及其常委会的立法、

---

① 鲍泓：《关于北京联合大学"十二五"时期学科建设的认识与思考》，《北京联合大学学报（自然科学版）》，2012 年第 2 期。
② 魏燕：《高校学科建设基本问题初探》，《教育教学论坛》，2011 年第 12 期。

监督和监察等部门都亟须具有相关专业知识的专门性人才，可进一步拓宽人才就业渠道。六是，可拓深相关专业学术交流与合作。学科建设离不开交流与合作，通过"走出去"和"请进来"的交流与合作，能够促进教师教育观念和思维模式的变革，对教师进行创造性教学和人才培养将有极大的启发作用。七是，"人大学"学科建设可与学科成果转化、社会服务相结合，在人大干部和代表培训、提供咨询服务等方面积极发挥学科建设的社会效益。

第二节 "人大学"的学科名称界定

创新是一个复杂的社会系统工程，涉及经济社会各个领域。坚持创新发展，既要坚持全面系统的观点，又要抓住关键，以重要领域和关键环节的突破带动全局。[1]

——习近平

尽管学界已经有过关于"人大学"这个提法，但直到今天，仍有不少法学和政治学学者们不假思索混用"人大学"或"人民代表大会制度学"，抑或"人民代表大会制度研究"或"人大研究"等概念[2]，在一些学术刊物登载这方面文章的内容表述中其归属栏目尤为常见。若不厘清这些概念的含义，很容易出现概念上和理论上的模糊与混乱，不利于学科的科学化建设。

一、前期研究相关成果概述

关于"人大学"的研究对象，专家学者们普遍持这样的相近看法：如程湘清主任认为："人大学实质上应是人民代表大会制度学，或者也可以叫中国政体学，是关于同人民民主专政国体相适应的国家政权组织形式的学说。"浦兴祖教授认为："人大学的研究对象应该是整个人民代表大会制度——是一种'制度'"，"称'人民代表大会制度学'比称'人大学'更明确，全称是'人民代表大会制度学'"。王清秀先生还撰写了专著《人民代表大会制度学》，并定义这种概念"是研究人民

---

[1] 习近平：《习近平谈治国理政》（第二卷），北京：外文出版社，2017年，第204页。
[2] 万东升：《人大学的研究现状及研究对象和方法》，《人大研究》，2007年第5期。

代表大会制度本质及其产生和发展规律性的社会科学的一门学科"。①

人民代表大会制度学对于各级人大、政府、法院、检察院等机关的组成、地位、职权、活动原则、运行程序，是否都要做具体、详尽的研究呢？这要具体分析。各级人大是国家权力机关，代表人民统一行使国家权力，它在全部国家机构中占首要的、中心的地位，是人民代表大会制度下最为重要的国家机关。对于它的研究，应该是全面的、具体的，而对于由人大派生的其他国家机关，则主要研究它们在全部国家机构中的地位，它们与人大的关系。至于它们的具体运行程序、工作方式等，应由行政学、司法学分别研究，不必纳入人民代表大会制度学的研究范围。②

此外，还有一种相对独立的研究认为，"人大学"是一门独立的社会科学。

二、关于"人大学"的学科定位③

毛泽东同志说："科学研究的区分，就是根据科学对象所具有的特殊的矛盾性。因此，对于某一现象的领域所特有的某一种矛盾的研究，就构成某一门科学的对象。"④那么，作为"人大学"所具有的特殊矛盾和矛盾性是什么呢？人大学实质上应是人民代表大会制度学，或者也可以叫中国政体学，是关于同人民民主专政国体相适应的国家政权组织形式的学说。不宜把"人大学"的研究对象只归结为人民代表大会或人大工作，它的研究对象应当是人民代表大会制度。根据我国宪法的规定，人民代表大会制度可以概括成以下五点：

◆ 中华人民共和国的一切权力属于人民，这是我国国家制度的核心内容和根本准则；

◆ 人民行使国家权力的机关是全国人民代表大会和地方各级人民代表大会；

◆ 全国人民代表大会和地方各级人民代表大会都由民主选举产生，对人民负责，受人民监督；

◆ 国家行政机关、审判机关、检察机关和监察机关都由人民代表大会产生，对它负责，受它监督；

◆ 各级人民代表大会及其常务委员会集体行使职权，集体决定问题。

---

① 万东升：《人大学的研究现状及研究对象和方法》，《人大研究》，2005年第7期。
② 浦兴祖：《关于创建人大学的几点浅见》，《人大研究》，1992年第7期。
③ 程湘清：《人大学是一门独立的社会科学》，《人大研究》，1992年第4期。
④ 《毛泽东选集》，北京：人民出版社，1991年，第309页。

这五个方面的相互贯通和结合，共同形成我国人民代表大会制度的主要内容。其深刻内涵主要表现在：一方面，它是高度民主的，人民是一切权力的拥有者和源泉；另一方面，它又是高度集中的，由人民选出的国家权力机关统一行使国家的权力。因此，人民代表大会制度是作为国家形态的民主同作为国家制度的集中的对立统一，是高度民主同高度集中的对立统一。

三、关于学科界定相关概念辨析

跟西方"议会学"相对应，"人大学"的提法具有较广泛的认同基础。但对于"人大学"而言，若作望文生义的理解，那就很可能会被认为其研究对象只是"人大"，即各级人民代表大会。"人大学"的研究对象应该是整个人民代表大会制度——是一种"制度"，一种国家政权组织形式，而不仅限于某种"机构"，某种"大会"。从学界目前已发表研究成果来看，对"人大学"已达成基本的共识，主要是指基于人民代表大会制度的国家政体制度的学科建设。

（一）人民代表大会制度学

从概念上看，将"人民代表大会制度学"称为"人大制度学"，比"人大学"在概念内涵上更明确一些。当然，制度的运行离不开作为权力载体的"机构"。人民代表大会制度学也要研究与人民代表大会制度相关的各类机构，不仅是"人大"，而且还有由人大产生、对人大负责的国家行政机关、司法机关等。[①]因此，从根本意义上而言，"人民代表大会制度学"反而比"人大学"的内涵和外延要更窄一些。

（二）人人研究

也有学者认为，为便于人大学研究对象的理解，建议在学术和理论研究中，不宜继续沿用"人民代表大会制度学"之称谓，而改称"人民代表大会制度理论"并作为"人大学"研究体系下面的分支；不宜继续沿用"人民代表大会制度研究"，而统称为"人大研究"；从该领域作为一门学科来看，其专业性刊物冠名《人大研究》与《人大学》（目前无此刊物），其称谓基本上没有冲突，都可以适用；但从

---

① 浦兴祖：《关于创建人大学的几点浅见》，《人大研究》，1992年第7期。

该领域的论文发表归属的栏目看,则一般应采用"人大学""人大法学"①等称谓,而不宜继续沿用"人大研究"。②

第三节 学科归属和边界定位

马克思主义是在实践中形成并不断发展的,要高度重视思政课的实践性,把思政小课堂同社会大课堂结合起来,在理论和实践结合中,教育引导学生把人生抱负落实到脚踏实地的实际行动中来,把学习奋斗的具体目标同民族复兴的伟大目标结合起来,立鸿鹄志,做奋斗者。③

——习近平

从研究对象的学科边界来看,虽然以往也有过不少研究人民代表大会制度的成果,但大多是从一个角度展开的。现在,我们需要的是多角度、全方位的展开。以往的宪法学、政治学、科学社会主义等学科,也涉及人民代表大会制度,但由于这些学科的研究对象远不止人民代表大会制度这一个方面。因此,只能是"涉及",不可能专门对人民代表大会制度进行深入的研究。对此,本文特从科学社会主义与政治学等科学视野出发,选择若干持"怀疑论"的代表性观点,与持设立"人大学"肯定说的代表性观点进行对比研究,以切实回答"人大学"学科化建设中所面临的学科归属和边界定位等问题。

一、"人大学"与科学社会主义的关系

作为无产阶级革命与无产阶级专政的学说,科学社会主义所论证的资本主义

---

① 万东升:《人大学的研究现状及研究对象和方法》,《人大研究》,2007年第5期。所谓"人大法",是"人民代表大会法"的简称,它是指有关人民代表大会的产生、组织、职权和活动程序等的法律规范的总称。所谓"人大法学",是指一门以人大法为研究对象的部门法学。同样地"人大法学"又可称为"议会法学"。

② 万东升:《人大学的研究现状及研究对象和方法》,《人大研究》,2007年第5期。

③ 习近平:《思政课是落实立德树人根本任务的关键课程》,《内蒙古宣传思想文化工作》,2020年第10期。

的灭亡和社会主义的实现这一历史发展的客观规律，无疑是指导社会主义国家政权建设的理论基础。于是，有的学者便提出，人民代表大会制度归根结底是关于国家政体建设的制度安排，有了科学社会主义的国家政权理论，就没有必要再搞"人大学"。

科学社会主义的存在，并不能替代"人大学"的创立。诚然，科学社会主义是关于无产阶级国家政权组织的学说。但是，科学社会主义仅是一般的原理，在不同的社会主义国家，根据具体国情的不同所采取的国家组织形式必然会有差别。在这方面，并没有统一的模式，也无法用既定的模式去要求具体国家所应该采取的具体政治制度。在我国，以人民代表大会制度为核心的国家政权组织形式的确立，是根据我国的历史和现实条件，所选择的无产阶级专政（人民民主专政）的政权组织形式，这本身是对科学社会主义的践行。但是，也应该看到，人民代表大会制度的建立、发展和完善，是需要根据我国国情需要而不断健全完善的过程，并不能简单采用科学社会主义的一般原理进行简单套用。作为科学社会主义在中国国家政权建设中的具体形式和制度安排，人民代表大会制度的健全完善，不仅需要科学社会主义作为理论基础，而且也需要以研究人民代表大会制度为核心的国家政权组织形式及其发展规律的人大学作理论指导。[①]

二、人大学与宪法学的关系

在我国宪法中，对人民代表大会制度具有相对明确具体的规定。因此，许多学者对人大理论的探讨研究，是从宪法学的角度展开的。但是，这并不能说明宪法学对"人大学"学科建构的可替代性。

从法律规范性而言，人民代表大会制度由宪法规定，人大又是以宪法为组织和活动的最高准则，"人大学"和宪法学有着非常密切的关系。然而，宪法学研究的是宪法的本质及其产生和发展的规律，虽然也要涉及宪法的内容和条文，但它是从法学的角度，把人民代表大会制度作为宪法现象进行研究，这与从政治学的角度研究人民代表大会制度的发展规律是不同的。[②]

应该看到，在宪法学的基础上，"人大学"还存在与法理学、立法学、政治监督学以及政党政治等多门学科的交叉与融合。要在宪法学的基础上发展"人大学"，至少还应该在学科建设和学术研究范围多方面有所拓展。在教学方面，需要深化

---

① 浦兴祖：《关于创建人大学的几点浅见》，《人大研究》，1992 年第 7 期。
② 浦兴祖：《关于创建人大学的几点浅见》，《人大研究》，1992 年第 7 期。

人大学的基本概念、范畴及其逻辑体系的法理型研究；开设相对独立的"人大法学"或"人大学"专业，推进高级专门理论研究人才建设。在学术研究方面，应倡导广泛成立"中国人大学会"或中国法学会"人大学研究会"或中国法学会"人大法学研究会"及其地方性分会，创办或发展一批人大学的权威、重要核心期刊，引导学术共同体的理论和学术前沿研究，并努力办成备受法学界重视的法学性刊物。①

三、"人大学"与政治学的关系

从一般意义上而言，政治学从它的萌芽时期起，就一直是以国家的起源、性质、职能、目的、组织形式以及治国的方略，也就是进行统治的方式方法等为研究对象的。②因此，有学者提出，"人大学"是政治学的固有部分。特别是，通过长期的政治以及普法宣传教育，在我国"政治制度"之概念的集体记忆与心理对"人大学"研究仍然影响深远。但是，也有学者认为，"人大学"作为国家政体政治制度的具体形式，并不是政治学所固有的制度形式，而是经历了一个从无到有、从小到大的发展过程。夏瑞璋先生曾提出："我国社会主义政治学的研究正出现向多学科化发展的趋势。人大学，便是政治科学中新开辟的一个领域。"③

2021年10月，在庆祝中国共产党建党百年之际，在中央首次召开的人大工作会议上，习近平总书记明确提出："在中国实行人民代表大会制度，是中国人民在人类政治制度史上的伟大创造。"④由此，也确定了人民代表大会制度作为国家根本政治制度的独创性，而不能由于政治学的存在而理所当然地认为"人大学"的自始存在。进一步而言，社会主义政治学是研究社会主义国家学说、政治理论、政治制度和政治思想史的科学，而人大学则是我国政治学的分支学科。政治学包含了"人大学"，"人大学"又是政治科学有关内容的深化和发展，二者既有联系，又有区别，因而不能互相代替。⑤还有学者进一步提出，"人大学"当属于政治学学科类的一门应用科学，马克思主义哲学是"人大学"世界观与方法论的理论指导、国家学、法学为"人大学"铺就了专业的理论基础，当代中国政治学是"人

---

① 万东升：《人大学的研究现状及研究对象和方法》，《人大研究》，2005年第7期。
② 周鹄昌：《实践呼唤"人大学"》，《人大研究》，1992年第1期。
③ 夏瑞璋：《积极建设人大学》，《人大研究》，1992年第5期。
④ 杨维汉、罗沙：《首次召开的中央人大工作会议，总书记强调这些大事》，《中国人大》，2021年第20期。
⑤ 浦兴祖：《关于创建人大学的几点浅见》，《人大研究》，1992年第7期。

大学"直接母系学科,党建、中国当代行政学等是与"人大学"并列的相邻学科。[①]此外,还有学者对学科层级展开了深入的探讨研究。[②]

从实践运行来看,人民代表大会制度作为国家根本政治制度,具有区别于政党制度、军事制度以及人事和税收等制度的内在规定性,不仅需要通过法学的视野进行法制规范化的研究,也需要从政治监督学以及权力政治学的视角,对"一府一委两院"的产生及其监督等工作进行全面负责,是政治学在国家政治生活中的拓展和深化。

四、小结

总的来看,厘清"人大学"与相关学科的关系,不仅可以提高对建设"人大学"必要性的认识,而且还可以加深理解相关学科对于"人大学"建设的重要意义。同时,建立、发展"人大学"也必将推动我国政治学、宪法学等学科的建设,推动对马克思主义国家学说的深入研究,以及思政课程一体化建设的深入开展。

[①] 卓越:《人大学学科建设之我见》,《人大研究》,1992年第5期。
[②] 万东升:《人大学的研究现状及研究对象和方法》,《人大研究》,2005年第7期。从研究的层面(不打破各自学科的独立体系而主要是研究方法和内容上的某种需要)来说,宪法学被人大法学包含,宪法学与人大法学被"人大学"包含。从学科层级来说,"人大学"既属于政治学的二级学科,又属于法学的二级学科,又属于政治学的二级学科。

第四节　学科研究对象的界定

> 以什么样的思路来谋划和推进中国社会主义民主政治建设,在国家政治生活中具有管根本、管全局、管长远的作用。①
>
> ——习近平

邓小平同志说过:"在政治体制改革方面有一点可以肯定,就是我们要坚持实行人民代表大会的制度,而不是美国式的三权鼎立制度。"②对此,江泽民同志曾强调指出:"邓小平同志讲的这段话很重要,它说明了两点:第一,我们的政治体制改革要坚定不移地进行下去;第二,坚持和完善人民代表大会制度是政治体制改革的一个重要内容。建设高度的社会主义民主和完备的法制,是我们的根本目标和根本任务之一,也是人民群众的共同愿望。"③作为国家的根本政治制度,人民代表大会制度是中国特色社会主义制度的重要组成部分,加强人民代表大会制度的教学与研究是社会主义民主政治建设中不可或缺的重要组成部分,是坚持和完善人民代表大会制度、做好新形势下人大工作、推动人民代表大会制度与时俱进的一项重要基础性工作。

一、研究国家政权组织形式及其发展规律④

从国家政权建设的角度而言,"人大学"是研究我国人民代表大会制度为核心的国家政权组织形式及其发展规律的科学。其内容包括人民代表大会及其常务委员会的产生和组织,由人民代表大会产生的政府、法院、检察院等机构的组织,以及这些国家政权组织之间的相互关系、活动原则等;"人大学"有一系列分支学

---

① 习近平:《设计和发展国家政治制度　要从国情出发从实际出发——在庆祝全国人民代表大会成立60周年大会上的讲话》,《中国人大》,2014年第18期。
② 《邓小平文选》(第三卷),北京:人民出版社,1993年,第307页。
③ 江泽民:《坚持和完善人民代表大会制度(一九九○年三月十八日)》,全国人大常委会办公厅、中共中央文献研究室编:《人民代表大会制度重要文献选编》(三),北京:中国民主法制出版社,中央文献出版社,2015年,第797页。
④ 夏瑞璋:《积极建设人大学》,《人大研究》,1992年第5期。

科。按组织形式分,有政府学、法院学、检察院学等;按组织层次分,有全国人大学、地方人大学等;按职权和活动方式分,有选举学、决策学、监督学、立法学等。我国的人民代表大会制度已经有了近70年的实践,特别是经过"文革"曲折之后,在党的十一届三中全会以来路线、方针的指引下,人民代表大会制度得到了较大的发展,已积累起比较丰富的经验,与此相联系的人大论的研究也相当活跃。摆在人大理论研究和实际工作者面前的迫切任务,一方面需要对丰富的实践经验做出理论的概括,另一方面,需要对继续发展和完善人民代表大会制度提供理论依据和科学的预测。这样,就有必要把人大理论和实践的研究推向更深的层次,建立"人大学"的科学体系。

二、"人大学"具有相对明确的研究对象

"人大学"把研究的时间限于当代,把研究的空间定在中国,把研究的内容对准以国家、权力为内涵的政治学的核心部分。因此,"人大学"是社会科学领域中应用性强、现实感最强的一类学科。进行社会科学研究必须坚持四项基本原则,必须体现富有中国特色的社会主义,对于人大学的研究本身就是体现了这两个准则。人民代表大会制度是我国的根本政治制度,是我国政治体系中的权力机关,人民代表大会制度又是适合我国国情的议行合一的政权组织形式。"人大学"的研究不仅与资本主义国家的立法学、议会学有本质的不同,也与其他社会主义国家研究国家权力机关运作的学科有所区别。"人大学"的产生,对于我国改革开放,对于社会民主政治建设当有十分积极的促进作用。[①]

二、健全完善学科体系框架

完善"人大学"的理论体系有一套较为严谨的理论体系,是一门新学科成立的基本要件。按照这个要求,"人大学"已经自成体系,是符合条件的。"人大学"的学科体系大致可以这样建构:"人大学"的基本理论,包括对人大的产生发展、性质地位、组成任期、职责权限的研究等;"人大学"的组织理论,包括对人大常委会、人大专门委员会、人大办事机构等的研究;"人大学"的行为理论,包括对代表行为、会议行为等的研究;"人大学"的环境理论,包括对全国人大与各级地方人大的关系,人大与代表的关系、人大与"一府一委两院"的关系等的研究。

[①] 卓越:《人大学学科建设之我见》,《人大研究》,1992年第5期。

（一）人民群众同国家机关的关系。

十几亿人民掌握国家权力，是维护人民的根本利益的可靠保证，也是我们国家能够经得起各种风险的可靠保证。[①] 依照我国宪法规定，国家权力机关和国家行政、审判、检察机关都由人民直接或间接选举产生。所有国家机关都要按照人民的意志运转，都必须接受人民的监督。这是我国国家制度的本质特征和最大优势。实践已经证明，人民代表大会制度最便于人民行使当家作主的权利，参与国家的管理，从而充分发挥人民群众的积极性和创造性，把全国各族人民团结、动员和组织起来建设社会主义。

（二）国家权力机关同行政、审判、检察和监察机关的关系。

按照宪法规定，在法律的制定和重大问题的决策上，必须由国家权力机关，即全国人大和地方各级人大，充分讨论，民主决定，以求真正集中和代表人民的意志和利益；而在它们的贯彻执行上，必须实行严格的责任制，以求提高工作效率。这就是说，在人民代表大会统一行使国家权力的前提下，对国家的行政权、审判权、检察权和武装力量领导权，有明确的分工，从而使国家权力机关和行政、审判、检察机关等其他国家机关协调一致地工作。

（三）中央国家机关同地方国家机关的关系。

宪法规定，中央和地方的国家机构职权的划分，遵循在中央的统一领导下，充分发挥地方的主动性、积极性的原则。对于我们这样一个地域广大、人口众多，由56个民族组成的国家，要保障人民当家作主，既必须维护中央的统一领导，保持国家的整体性，又要有利于发挥地方的主动性、积极性，其中包括民族自治地方的主动性、积极性。

（四）发挥国家权力机关的作用同坚持党的领导的关系。

人民代表大会制度，是党领导下的人民民主制度。只有在党的领导下，才能充分发挥人民代表大会制度的作用；而人民代表大会制度的加强和完善，又有利于更好地实现党对国家事务的领导。[②]

---

① 彭真：《关于中华人民共和国宪法修改草案的报告》，《中华人民共和国国务院公报》，1982年第20期。

② 程湘清：《人大学是一门独立的社会科学》，《人大研究》，1992年第4期。

以上四方面的关系,是作为国家形态的民主同作为国家制度的集中这一对特殊矛盾的具体表现。"人大学"就要以这一特殊矛盾及其具体表现,作为自己独特的研究对象。若把人民代表大会制度仅仅理解为人大及其常委会自身,这是不全面的。如前所述,人民代表大会制度的内容,不仅包括人大及其"常委会"的有关制度,而且包括由它产生的其他国家机关,以及它们之间相互关系的各项制度和原则。

此外,作为一门有一定理论层次的应用学科,要使自身理论体系臻于完善要不断地丰富发展。人大学的理论体系,不应该仅仅停留在静态上,依从于法律规范的描述,要从动态上反映出改革开放以来对实践中所提出新问题的升华和对理论上提出新观点的概括。[①] 总的来看,"人大学"从其研究对象来看,既与政治学有关,也同法学(特别是其中的宪法学)、行政学等学科有关。"人大学"要成为一门独立的具有自己特色的社会科学,必须进行交叉学科、多维取向的教学和研究。

---

① 卓越:《人大学学科建立之我见》,《人大研究》,1992 年第 5 期。

第五章 "人大学"学科建设的教学实践设计

办好思想政治理论课,最重要的是要贯彻党的教育方针,解决好培养什么人、怎样培养人、为谁培养人这个根本问题。①

——习近平

根据西方主要发达国家进行议会制度教育的相关经验,要实现依法治国和国家的长治久安,就得让国家的政治法律制度深入人心。这不仅仅是民主所需要的必要训练问题,而且是保证每个公民进行有序政治参与的重要前提和保证。相对于日新月异的人类社会生活方式而言,这也是民主社会所需的重要生活技能。

第一节 实践教学设计的基本原则

推动思想政治理论课改革创新,不断增强思政课的思想性、理论性和亲和力、针对性。②

——习近平

进行人民代表大会制度的教学实践设计,必须牢牢把握加强人民代表大会制度理论研究的基本要求。从内容来看,开展人民代表大会制度理论研究和实践教学涉及国家根本政治制度,涉及党和国家各方面体制机制,涉及中国特色社会主

---

① 习近平:《习近平谈治国理政》(第三卷),北京:外文出版社,2020年,第328页。
② 习近平:《思政课是落实立德树人根本任务的关键课程》,《内蒙古宣传思想文化工作》,2020年第10期。

义道路、理论体系和制度，与发展社会主义民主政治、建设社会主义法治国家密切相关，思想性、政治性、法律性都很强。因此，必须高举中国特色社会主义伟大旗帜，始终坚持理论研究的正确政治方向，牢牢把握加强人民代表大会制度理论研究的基本要求，在正确轨道上不断推进人民代表大会制度理论和实践创新。

一、必须坚持以中国特色社会主义理论体系为指导

人民代表大会制度始终同我们党的指导思想紧密联系在一起。1954年9月15日，毛泽东同志在第一届全国人民代表大会第一次会议开幕词中明确指出："领导我们事业的核心力量是中国共产党。指导我们思想的理论基础是马克思列宁主义。"坚持以科学的理论为指导，是加强人民代表大会制度理论研究的政治前提和思想基础。中国特色社会主义理论体系，是马克思主义中国化的最新成果，是党和国家全部工作的行动指南，是全党全国各族人民继续团结奋斗的共同思想基础。中国特色社会主义理论体系包括邓小平理论、"三个代表"重要思想、科学发展观、习近平新时代中国特色社会主义思想，同马克思列宁主义、毛泽东思想是坚持与发展、继承与创新的关系。

党的十八大以来，习近平总书记围绕改革发展稳定、内政外交国防、治党治国治军发表的一系列重要讲话，深刻阐述了事关党和国家发展的重大理论和实践问题，充分体现了马克思列宁主义、毛泽东思想、邓小平理论、"三个代表"重要思想、科学发展观、习近平新时代中国特色社会主义思想的精髓要义，并做了进一步丰富和发展。

在当代中国，坚持中国特色社会主义理论体系，就是真正坚持马克思主义。当今世界，各种思想文化交流交融交锋，国内思想意识多元多样多变，尤其需要我们始终保持头脑清醒，增强战略定力。要认真学习领会中国特色社会主义理论体系的科学内涵、精神实质，深入学习贯彻习近平总书记系列重要讲话精神，坚持用发展着的马克思主义武装头脑、指导实践、推动工作，努力掌握贯穿其中的立场、观点、方法，运用科学理论指导和推动人民代表大会制度理论研究工作，在思想上、政治上、行动上同以习近平同志为核心的党中央保持高度一致，自觉抵制和反对任何偏离指导思想、偏离根本政治制度的错误倾向。

二、必须坚持党的领导、人民当家作主、依法治国有机统一

发展社会主义民主政治，最根本的是要把坚持党的领导、人民当家作主、依

法治国有机统一起来，这是我国社会主义政治制度最鲜明的特色和最显著的优势，也是我们加强人民代表大会制度理论研究、推动人民代表大会制度与时俱进必须贯彻和遵循的基本要求。中国共产党是中国特色社会主义事业的领导核心，人民当家作主是社会主义民主政治的本质和核心，依法治国是党领导人民治理国家的基本方略。党的领导、人民当家作主、依法治国是有机统一的，三者统一于社会主义民主政治建设的实践，统一于社会主义现代化建设的全过程。

新中国成立以来特别是改革开放 40 多年来的实践充分表明，人民代表大会制度作为国家根本政治制度，是坚持党的领导、人民当家作主、依法治国有机统一的主要制度载体。加强人民代表大会制度、人大工作理论研究，推进人民代表大会制度理论和实践创新，必须紧紧围绕坚持党的领导、人民当家作主、依法治国有机统一来展开深化研究。我们要把党的基本理论、基本路线、基本纲领、基本经验、基本要求作为人民代表大会制度理论研究工作的思想武器和行动指南，更好地在人民代表大会中保证党总揽全局、协调各方的领导核心作用；要把保障人民当家作主作为人民代表大会制度理论研究工作的出发点和落脚点，更好地发挥人民代表大会的根本政治制度作用；要把坚持依法治国、维护宪法法律权威作为人民代表大会制度理论研究工作的主基调，更好地发挥国家权力机关在推进全面依法治国、建设社会主义法治国家中的重要作用。

三、必须坚持从中国国情和实际出发

一个国家实行什么样的政治制度，必须与这个国家的国情和性质相适应。人民代表大会制度之所以能够成为符合中国国情、体现中国社会主义国家性质、保证中国人民当家作主的根本政治制度，关键在于它植根于中华民族几千年的历史文化积淀，产生于中国共产党和中国人民为争取民族独立、国家富强和人民幸福而进行的伟大实践。

今天，新中国成立已经 70 多年，改革开放也已经走过 40 多个年头。我国发展取得了举世瞩目的历史性成就，我们比近代以来历史上任何时期都更加接近实现中华民族伟大复兴的宏伟目标。但是，我们必须清醒认识到，我国仍处于并将长期处于社会主义初级阶段的基本国情没有变，我国是世界最大的发展中国家没有变。我国社会主要矛盾已经转化为人民日益增长的美好生活需要和不平衡不充分的发展之间的矛盾，加强人民代表大会制度理论研究，必须牢牢把握社会主义初级阶段这个最大国情，牢牢立足社会主义初级阶段这个最大实际，坚持一切从实际出发，夯实理论研究根基，不超越发展阶段，也不落后于时代，不妄自菲薄，也不妄自尊大，以自己的话语讲好"人大理论"、讲好"人大故事"、讲好"中国故事"。我们要通过理论研究，使人民代表大会制度、人大工作真正体现时代性、把握规律性、富于创造性，始终保持生机和活力。

第二节　人大制度教学实践设计的主要内容

我们对共产党执政规律、社会主义建设规律、人类社会发展规律的认识和把握不断深入，开辟了中国特色社会主义理论和实践发展新境界，中国特色社会主义取得举世瞩目的成就，为思政课建设提供了有力支撑。[①]

——习近平

习近平总书记曾提出，办好思政课，最根本的是要全面贯彻党的教育方针，解决好培养什么人、怎样培养人、为谁培养人这个根本问题。[②]因此，在人大制度知识体系学科化建设过程中，还需围绕人才培养的重要目标，通过专业教材建设解决好培养什么样的人、通过专业师资队伍建设来解决好怎样培养人，以及通过人才培养的输出来解决为谁培养人的根本问题。

、教学的专业教材建设

目前，高等学校对于人民代表大会制度的教学并没有组织编写专业的教材。相应的人民代表大会制度基础理论知识，大多散落在《宪法》《组织法》《代表法》《监督法》等法律内容中。现有的高等教育教材《宪法学》《政治学原理》等教材中有一定篇幅的介绍。但对于同学们所希望了解、愿意深入学习的人大立法、选举、监督、决定等职权普遍没有深入，实践中鲜活的案例更是被埋没了。作为一名公民，

[①] 习近平：《思政课是落实立德树人根本任务的关键课程》，《内蒙古宣传思想文化工作》，2020年第10期。

[②] 习近平：《思政课是落实立德树人根本任务的关键课程》，《内蒙古宣传思想文化工作》，2020年10月。

对于有关人大实际工作所必须具备的基本知识而言,更是无从知晓。

二、专业师资培养与发展

由于受我国目前教育体制和专业设置的影响,人民代表大会制度的教学长期被法学和政治学教师所担当。在现实中,由于人民代表大会制度本身的专业性和亲实践特性,许多人民代表大会制度培训与研修班,都是由来自人大及其常委会组成人员中理论素养较高的实践工作者所担当。这样,人民代表大会制度的传播途径就相对比较有限。

21世纪以来,尽管许多高校都设置了专业的人民代表大会制度研究平台,组建了专业的人民代表大会制度研究队伍,并与有关地方人大建立了良好的理论与实践研究平台,但大多研究人员都是兼职的,研究领域需跨越法学、哲学和政治学,需要经过一个很长的学习和摸索过程。

三、专业人才的培养与输出

目前的人民代表大会制度教学,主要是作为对国家政治制度的了解性知识而传授的,没有实践的导向,也不以培养人大所需人才为目的。举例来说,全国人大和地方各级人大及其常委会是解决许多学生就业的重要途径之一。当这些来源于高校就业群体的人员补充到人大常委会之后,就成为人大常委会的主体力量之一。这些或是学法学、政治学、行政学、管理学、哲学等专业的毕业生到人大常委会机关工作之后,很大程度上都只能从实践工作中摸索学习,现学现用。

再者,从地方人大常委会组成人员知识结构来看。人大常委会的组成人员,是由本级人民代表大会从其代表中选出的,可以说他们是"代表中的代表"。对于这么重要的国家权力行使者,本应是对于人大工作和国家权力的行使具有全面而娴熟的技巧。但从现实情况分析来看,常委会组成人员的群体结构及其整体素质,与其所肩负的重任还很不适应,主要问题表现在:一是结构不稳定。每次换届都出现组成人员大出大进、一届一茬、频繁换班的现象。新当选组成人员过多,一届一茬总是重复着"第一年看,第二年学着干,第五年等着换"的循环。二是年龄偏大。把常委会作为退休前过渡机关这种观念和做法依然存在,有些委员存在"船到码头车到站"的思想,容易给常委会工作造成消极影响。三是,知识结构不合理。由于人民代表大会制度教育机制的欠缺,在实际工作者,存在常委会组成人员与"一府一委两院"工作人员"知识倒挂"现象。尤其是作为监督的主体,对法律的理解，对"一府一委两院"工作情况的掌握，对人民群众意愿和诉求的把握，反而没有"一府一委两院"掌握得全面和了解得深刻，不利于监督，也不利于人大常委会自身权威的树立。①

第三节 实践教学的主要对象

我们培养人的目标是什么要搞清楚，现在非常明确坚定地提出要培养社会主义建设者和接班人。②

———习近平

从民主和法治社会生活的需要来看，对全民进行国家根本政治制度的教育培训是非常必要的。但是，要将这一覆盖面广泛的教育教学计划进行落实的话，最重要的是要跟全民的终身学习计划相结合，就得根据不同学习对象进行不同的教育教学设计，研究开发一系列的教育教学教材体系，尽量满足不同群体和年龄段人群的学习兴趣需要，从而建立健全全民素质教育的可持续发展的长效机制。

在本课题研究中，根据教育教学对象的不同需要，初步将教育教学内容划分为基础教育、中级教育、高等教育和职业教育若干不同层次：

一、基础教育学习者

基础层次的教育，主要是关于国家国体和整体性质的普及知识、作为中国国民（区别于外国国民）对于本国国家政治体制的一些必需的政治常识。

对此，实践教育的操作模式和运行形式主要是发送学习资料、举办知识讲座等形式。

---

① 刘维林：《地方人大常委会组成人员结构问题研究》，人民代表大会制度研究所编：《地方人大常委会 30 年研究》，北京：红旗出版社，2010 年，第 151—165 页。
② 习近平：《思政课是落实立德树人根本任务的关键课程》，《内蒙古宣传思想文化工作》，2020 年第 10 期。

二、中级教育学习者

中级层次的教育，主要是关于国家政治体制运行中一些基本知识和操作技能的普及。如，关于选民登记、投票选举以及履行国家一些政治参与活动所需具备的政治和法律常识。

对此，实践教育的操作模式和运行形式主要是反复深入宣传、举办知识讲座、配备实践引导人员等形式。

三、高等教育学习者

高级层次的教育，主要是关于国家治理和国家政治体制运行中的制度设计和体制优化方面的探讨交流，特别是相对于政治制度实践运行中各方面的掌舵手、实际领导者、高等学校教育中的科研人员和高学历层次研究者，探讨交流实践问题，进行理论反思，进一步指导实践运行。

对此，实践教育的操作模式和运行形式主要是学术交流、专题讲座、针对性进行课题研究等形式。

四、职业教育学习者

由于人民代表大会制度的教育教学还远远不能满足实践的要求，关于人大制度的培训班和研讨班成为人大制度教育的重要形式，这也为今后"人大学"的全面深入发展提供了重要的现实平台。

党的十一届三中全会以来，随着社会主义民主法制建设的不断推进，关于人民代表大会制度和人大工作的研究越来越引起党中央、全国人大和社会各界人士的重视。全国人大常委会办公厅和法工委曾多次举办培训班、研讨班，吸收一些专家学者参加研究人民代表大会制度和人大工作的问题。经过近 20 年的发展，人民代表大会制度培训班已普遍被人们所接受。各种人民代表大会制度培训班逐渐被常规化和制度化。如，各个级别的人大新进人员培训班，每年一度的全国人大代表培训班，首都区县人大常委会干部研修班等等。人大培训的对象也有相对固定的庞大需求群体：第一类是各级人民代表大会代表；第二类是各级人大常委会机关的工作人员；第三类为公务员；第四类为公民。这种以人大即时教育替代基础教育的模式，由于跟实践的密切相关性，得到了长足的发展。但由于其即时性，在现实中所面临的挑战也是很严峻的。

五、小结

人民代表大会制度的实践，对于教学（培训）和科研工作具有重要的导向作用。从人民代表大会制度的实践发展来看，教学需要从"三无"走向"三有"，即进一步建立专业教学（培训）教材、培养和发展专业师资并培养出人大机构和国家发展所需的专业人才。对于人民代表大会制度的科研发展而言，不仅要满足教学发展的要求，还需进一步将地方人大的实践探索上升到理论的层次，并为国家立法的完善做好理论支持。

如何探讨建立一个长效的发展机制，将这种即时教育延伸为常规教育乃至发展为职业教育，成为爱国主义政治课基础教育的一部分，也是实践为我们的职业教育发展、为我们的教学和科研工作而提出来的重大课题。从更广泛的意义上来说，促进职业教育，适应国家提出国民"终身学习"的计划纲要，适时研发一套人民代表大会制度教育的教材体系，这也是符合国际国内社会政治经济发展潮流所需的必选路径。

第四节 加强"人大学"学科体系化建设的主要路径

思政课的任务是传导主流意识形态，建设性是其根本。[①]

——习近平

任何一门学科，都应有自己的理论体系。这种体系必须具有严密的内在逻辑性，而不是一大堆概念、理论、知识的随意拼凑，还需适时加强"人大学"的理论体系化建设，绝不是简单机械地把不同学科中的有关人民代表大会制度的内容在人大学的新名称下组合起来；更不是像精明的商人那样，给自己的货品换一个时髦而响亮的商标以图抬高身价。而是要以科学求实的态度，完整准确地把握人大学独特的研究对象、范围及其联系与发展规律，形成自己的理论体系，以此取

---

① 习近平:《思政课是落实立德树人根本任务的关键课程》,《内蒙古宣传思想文化工作》,2020年第10期。

得作为一门独立学科的"身份证"。①

一、推进思政课程一体化建设

习近平总书记曾提出，要把统筹推进大中小学思政课一体化建设作为一项重要工程，坚持问题导向和目标导向相结合，坚持守正和创新相统一，推进思政课建设内涵式发展。② 相比较而言，人民代表大会制度在所有国家政治制度中具有最丰富的内涵，不仅总括了国家体系方方面面的总体制度，而且是由一系列的制度组合而成的。具体而言，主要包括：人民代表大会代表选举制度、人民代表大会组织制度、人民代表大会会议制度、人民代表大会工作（职权行使）制度、人民代表大会代表及代表工作制度、人民代表大会及其他国家机关关系制度、执政党领导人民代表大会工作制度等。③ 此外，人民代表大会还具有区别于西方议会制度的鲜明特点，是我国政治发展史乃至世界政治发展史上具有重大意义的全新政治制度，具有深厚的历史文化基础和丰富的制度内涵，可为课程思政的一体化建设提供具有中国特色社会主义的专门知识体系。

二、加强教学科研力量

全国与地方各级人大及其常委会大都设有研究室等研究机构，这些机构具有专业性强、与实践结合紧密等特点，可为"人大学"的课题研究和学科建设提供专业力量。对此，还需以促进思政课程建设为契机，在有条件的高等院校的政治学、国际政治学、法学、行政学等系所开设"人大学"概论和其他有关课程，培养"人大学"研究人才。也可在其他文科院系开设"人大学概论"等选修课，普及"人大学"基本知识。④

普及人大知识，使人民群众更好地了解自己的民主权利和义务，促进我国的民主政治建设，这本身就是"人大学"的一项重要使命。普及"人大学"基础知识可通过各类宣传、新闻报道等多种形式，但比较系统、全面的方法是组织出版一套简明、通俗的"人大学"基础知识丛书。对此，可按照"人大学"的学科体系进行选题，如《人大立法学》、《人大监督学》、《议事程序学》、《人大组织学》、

---

① 田虎:《关于开展人大学研究的几点思考》,《人大研究》,1992年第8期。
② 习近平:《思政课是落实立德树人根本任务的关键课程》,《内蒙古宣传思想文化工作》,2020年第10期。
③ 席文启:《人民代表大会工作十五讲》,北京:红旗出版社,2016年,第8页。
④ 周芳芳:《关于加速"人大学"学科建设的几点建议》,《人大研究》,1993年第2期。

《人大代表学》、《人大选举学》、《人大环境学》(阐述其与国家机关、政党组织、政协等的相互关系)、《人大史学》(包括制度史和思想史)、《中外议会比较》、《议会外交学》等,这套丛书既可普及"人大学"基础知识,又可为"人大学"的教学与研究打下一定的基础。[1]

三、增强学科建设的社会协同发展效应

一门新学科产生之后,要想得到迅速发展,应该循着两条思路进行,一条是不断地完善自身的理论体系,这在前已述。另一条就是要借助于一定的催化手段,要协调好学科与环境的关系,要使学科迅速地适应环境、打开局面。正如经济发展中一个新产品出现后,要想进入市场、打开销路,除了自身质量过硬外,还要有强烈的公关意识,需要借助于广告等传播手段。当今学界论坛,社会科学如林,作为一门后起学科,人大学要想成长壮大,更需要注入一些心血栽培,多给它创造一些良好的外在环境。[2]

(一) 成立专门的组织协调机构

由于人大研究具有很强的专业性,还需要成立专门的组织协调机构。为充分发挥人大系统内的力量,成立学会、举办专门的理论研讨会,这是侧重在人大系统内进行人大学传播的第一个层面。同时,还可以通过广播电视报纸对此的报道,起到更为广泛的公关效果。近年来,北京和上海等地方人大陆续召开了有关人民代表大会制度建设的理论研讨会,有的还在此基础上建立专门的学会,有的则与政治学会直接挂钩,这些工作无疑推进了人大学的创建与传播。

(二) 积极组织社会培训和研修活动

举办培训和研修活动,这是在人大系统内进行人大学传播的第二个层面,通过培训骨干、提高素质,能够以点带面、逐层传播。就目前情况看,每逢换届之后,倒是都有一些办班培训,但性质上大都为工作性的培训,今后的培训要能够反映出理论性、深层次的特点。[3]

---

[1] 周芳芳:《关于加速"人大学"学科建设的几点建议》,《人大研究》,1993年第2期。
[2] 卓越:《人大学学科建立之我见》,《人大研究》,1992年第5期。
[3] 卓越:《人大学学科建立之我见》,《人大研究》,1992年第5期。

（三）积极支持人大研究的项目化发展

创办一批人大研究的刊物，出版一批人大学的专门著作，这是人大学在更广泛的社会大系统中进行传播发展的动力机制。近年来，各省市人大都创办了自己的人大研究刊物，有的还公开发行。同时，还应加强国家社科基金、各省市社科基金等项目来源单位对人大研究的重视和支持，通过项目化发展促进理论和实践界对一些重大疑难问题的联合攻关。

四、加强学科建设的组织保障

采取有力措施，加强人大学研究的组织工作。建设人大学，仅靠学术界的努力是远远不够的，更重要的是要靠党的领导、国家各机关单位和社会各界人士予以支持，并不断加强人员和经费等方面的组织保障。如北京城市学院曾经每年资助北京市人大常委会一定的经费予以开展理论研究，不仅为学院发展凝聚了各界人大代表的支持，也为北京市人大理论研究会的长足发展奠定了学术基础。

（一）完成一些具有标志性成果的学术专著

近年来，人大研究领域还比较欠缺具有标志性的学术理论成果，仍难以满足社会各界对人大制度理论的全面把握，以及对人大制度实践运行的正确理解。尤其是，近年来许多高校接收的大量的外国留学生，虽然对具有中国特色的人民代表大会制度具有浓厚的兴趣，有的同学甚至提出要做相关选题来作为学位论文进行深入研究，但作为跨文化研究的相关参考资料缺乏而不得不放弃。此外，人大学理论体系还要体现时代的特征，及时吸收并解释一些新形成的理论范畴。在总体上，还需通过基金项目的积极引导，积极加强相关学术研究成果的刊发。

（二）加强组织机构间的研究力量协作

人大学除了研究基本原理、概念，更要结合实践，为完善人民代表大会制度，研究国家最高权力运行的程序、方法、有效以及保障其实效的法律措施等等。[①] 长期以来，人大法工委和财经委等重要机构专业人才力量不足，成为限制全国和地方各级人大立法和监督工作效能的重要因素。因此，在参考借鉴有关研究机构运行经验的基础上，还应该加强人大实践工作者和理论工作者的力量结合，适时建设一支具有理论素养且有志于人大研究的学术队伍。

---

① 田虎：《关于开展人大学研究的几点思考》，《人大研究》，1992年第8期。

（三）制定科学合理的建设日程表

有志于人大学研究的专家、学者和实际工作者，应当以积极的姿态投身于人大学的建设。但理论的建设是一个长期的过程，对此不能操之过急，而应制定科学合理的建设日程表。一是，加强理论基础的研究。基础不牢，地动山摇。因此，要以思政课程建设为契机，在已公之于世的人大理论和实践研究的科学成果的基础上，以马克思主义基本理论为指导，运用阶级分析的、历史的和比较的方法，尽早把人大学基本理论这个基础学科建立起来。二是，逐步完善学科分支建设。在教学试点的基础上，根据实际教学工作需要，有步骤地建立人大立法学、人大决策学、人大选举学和监督学等分支学科。三是，分阶段逐项推进。新学科体系的设立，往往是一项复杂的系统工程，还需通过科学划分研究阶段，① 由浅入深开展多层次多角度的研究，进而逐步完善人大学的学科体系建设。

五、小结

敬教劝学，建国之大本；兴贤育才，为政之先务。在前期研究积累的基础上，建议教育部早日将"人大学"的学科化发展，列入国家社会科学的重点建设项目，并从研究力量、经费等方面予以保证，力争在"十四五"期间形成一批权威的人大学基本理论的研究成果。同时，建议全国人大常委会把"人大学"的建设列入重要议事日程，由县级以上地方各级人大常委会积极组织与高校研究人员力量的整合。并且，在时机成熟的时候，适时建立人大干部培训学院，积极提高人大干部的素质，为国家社会主义民主政治的发展培养可靠的栋梁之材。

---

① 关于"人大学"的创立与形成的阶段性划分，学界认为至少应包含三个阶段：（1）酝酿发展期。作为我国根本政治制度的人民代表大会制度以及国家权力机关在民主政治建设实践中，出现了一些仅靠注释法律、制定规范、进行工作研究等方法不能完满解决或者是带有挑战性的问题，于是，就产生了从政治学、宪法学、法理学等不同角度进行探讨的新思想、新观点、新构想，这可称为酝酿发展期。（2）整合发展期。在这个阶段，实践和理论界通过把各种有关人民代表大会制度和国家权力机关行使职权的思想、观点系统化、理论化，整理概括出一套基本问题和概念。与此同时，又发现，由于受政治学、宪法学等不同学科自身研究对象、范围、方法的限制，它们只能从某一层面进行研究，而这种研究往往又是分散的、片段的，需要将人民代表大会制度以及国家权力机关行使职权作为专门的对象并以此为基础形成一套全面、完整的理论研究体系。于是，对人大学作为一门独立学科的必要性、可能性进行论证，并通过各种渠道引起理论界和社会各界的重视与关注。（3）学科建设期。在这一阶段，主要是对人民代表大会制度及国家权力机关行使职权的经验进行理论概括和总结的基础上，对人大学自身的研究对象、范围及理论体系形成比较成熟的方案，进而奠定人大学在社会科学体系中的相对独立地位。

第六章　健全完善人大代表培训与研修体系[①]

> 当前形势下，办好思政课，要放在世界百年未有之大变局、党和国家事业发展全局中来看待，要从坚持和完善中国特色社会主义、建设社会主义现代化强国、实现中华民族伟大复兴的高度来看待。[②]
>
> ——习近平

随着我国政治制度、民主程序和国家职能都逐步进入更为科学规范的新阶段，这也为人大代表履职提出了新的更高的要求。相比较而言，代议民主制经过几百年的发展之后，为顺应时代发展的新要求，当今世界的各国议会都已经开始在实践中逐步建立完善自己的议员培训与研修体系。然而，我国的人民代表大会制度还没有建立起一套对人大代表进行培训教育的有效机制。因而，在新的历史时期，从西方发达国家议员培训的有关经验来看，我国还急需健全完善人大代表培训与研修的有效机制，以适应繁重的参政任务和短暂的任期对其任职所带来的挑战。

[①] 周长鲜:《论我国人大代表培训与研修体系的构建》，《四川理工大学学报（人文社会科学版）》，2011年第11期。

[②] 习近平:《思政课是落实立德树人根本任务的关键课程》，《内蒙古宣传思想文化工作》，2020年第10期。

第一节　建立人大代表培训教育机制的必要性

把握新发展理念，不仅是政治性要求，而且是知识性、专业性要求，因为新发展理念包含大量充满时代气息的新知识、新经验、新信息、新要求。[①]

——习近平

从世界主要发达国家的有关经验来看，通过近百年的探索和实践，已形成与公务员培训制度大体相当的教育培训模式，为其政治体制的稳定和社会经济的发展，发挥了积极的作用。从我国的现实情况来看，随着世界经济与政治形势的发展，尤其是信息技术的迅速发展，无论从时代要求、地方人大实践创新，还是从人大代表履职的科学化规范化角度而言，提升人大代表的素质教育都已成为迫切的现实需要。

一、社会转型对人民代表大会制度的发展提出了新的要求

改革开放40多年来，中国的社会经济管理体制发生了很大的变化，对人民代表大会制度的效能发挥也提出了许多新的重要命题。尤其是，改革开放以来，我国的社会管理体制由单位制转向社区制，也为人民代表大会制度的发展提供了一个新的发展平台，人大代表的素质也直接决定着人民群众利益的集聚、表达和实现效果。毋庸置疑，人民代表大会制度及其理论研究，已有了长足进展，但仍需持续地深入和全面系统的推进。有关人民代表大会制度的许多实践工作者和学者也指出，研究民主政治领域这样普遍而重大社会现象产生、发展规律的一门科学——人大学是成立的。应当以马列主义国家学说为指导，以人民代表大会制度建设及人民代表大会实践为基础，科学界定人大学研究的对象、范围、理论体系，以及与其相关学科的关系。[②] 在新的社会实践中，为实现人民代表大会制度与社会经济管理体制的有效对接，还需不断强化作为民意表达中枢的人大代表的素质，以促进人民代表大会制度整体效能的有效提升。

[①] 习近平：《习近平谈治国理政》（第二卷），外文出版社，2017年版。
[②] 王清秀：《创建人大学的思考》，《四川理工学院学报（社会科学版）》，2008年第5期。

二、地方人民代表大会制度发展的现实需要

自 20 世纪 90 年代以来，很多地方人大都以创新而彰显出新的发展活力。地方人大活力的增强，对人大代表的素质提升也提出了新的更高的要求。最明显的体现就是在地方人大的实际运行过程中，很多制度都是由地方人大先行实践的。即在中央立法之前，早已有地方"立法突围"。如，人大述职评议制度、立法听证会制度等，起初都是在国家法律中找不到依据的。这样，各级人大常委会在不断的实践积累的基础上，还需将有关先进的切实可行的地方人大经验上升为国家法律法规，进而规范和指导全局工作。另一方面，对法律法规所明文规定的制度性措施，如质询和罢免，在很多地方人大实践中又会被虚置。而且，迄今为止，仍有一些实际工作方法并没被纳入法律的规定中。如，人大代表助理的问题。从这个方面来说，人大代表如要适应地方人大不断创新的要求，正确认识和处理法律、实践和理论之间的脱节和错位，就得不断地强化人大代表的综合素质。

三、人大代表履职急需满足科学化和规范化的要求

改革开放以来，由于新兴技术突飞猛进的发展，许多先进的电子设备被广泛应用到我们的日常工作和生活当中，政府工作随着人们生活步伐的加快而越来越复杂。这样，对国家公职人员的要求也越来越高，需不断提高科学化和规范化的管理水平。自 20 世纪 50 年代以来，英、美、法、日等主要资本主义国家都相继加强了对国家公职人员的职业培训教育，并认为，这具有重要的战略意义。[1]在这种情况下，由于科学技术的迅猛发展，以及"知识更新周期律"的加快，人大代表适时地接受相应的知识培训和教育，已不仅仅是代表个人的事务，而是关涉工作规范程度的公共要求。

四、人大代表的整体素质有待提高

人大代表的素质是指人大代表应当具有的素养和品格，是人大代表行使国家权力、履行代表职责所必须具备的特定的主观条件，它反映人大代表的政治行为集合能力。虽然，学界对此概念的界定并不完全一致，但大多认为人大代表应具有以下几个方面的基本素质：（1）政治素质，需具有高度的政治责任感和历史使命感；（2）文化素质，需具有基本的语言和文字表达与沟通能力，能较好地担当起

---

[1] 明荆：《中国与西方主要发达国家公务员培训的比较研究》，江西师范大学硕士学位论文，2006 年。

"代言人"的职责;(3)法律素质,需严格依法行使职权;(4)道德素质,需自觉主动地为选民利益着想;(5)能力素质,需具备参政议政督政的综合能力。一般而言,这五项基本素质是相辅相成的。

自《全国人民代表大会和地方各级人民代表大会代表法》(以下简称《代表法》)颁布实施以来,在我国民主与法制建设的社会实践中,也采取了一些途径来提高人大代表的群体素质和个体素质,虽有一定的成效,但仍存在许多问题。主要表现为所选出的一些代表不能很好地履行职责,一些代表还缺乏履职所需要的政治素质、能力素质、文化素质和身体素质等各方面的要求。毋庸讳言,当前的代表结构和代表素质的实际状况,与人大代表的崇高政治身份以及人民的期望之间,仍存在着较大的差距。

究其原因,这是人大代表所处的国家政治社会生活内外在情景要素交互作用的结果。从人大代表所处的外在政治环境而言,主要是受到人大代表选举机制的影响。长期以来,各级人大在每次换届选举时,都要对代表结构类型比例做出相应的"定量"规定,对代表素质只是提出相应的"定性"要求。为了达到基本的"量化"要求,许多地方人大忽视了代表素质的"定性"要求,这样难免造成代表素质的"先天不足"。从代表内在动因来看,在很大的程度上还存在"荣誉代表"的观念,将代表视为一种荣誉称号和政治待遇,外加上许多代表的本职工作本来就很忙,在缺乏有效的代表履职保障机制的情况下,代表素质的提高往往与代表结构的优化、代表专职化等问题纠结在一起。在这种情况下,现有的人大代表素质培训和教育措施就如同杯水车薪,难以有效解决问题。

第二节 健全完善人大代表培训与研修的教育体系

一个新理念的确立，总是同旧理念的破除相伴随的，正所谓不破不立。贯彻落实新发展理念，涉及一系列思维方式、行为方式、工作方式的变革，涉及一系列工作关系、社会关系、利益关系的调整，不改革就只能坐而论道，最终到不了彼岸。[①]

——习近平

从世界各主要发达国家的经验来看，国家的公职人员培训教育制度具有比较悠久的历史，早在文官制度建立之时就有。如，1883年美国国会通过的《文官制度法》（"彭德尔顿法"）就规定了文官委员会的组织和职权。从我国的实际情况来看，虽还没有建立起对人大代表进行培训教育的整套制度，但在实践中已有一些探索，并积累了一些重要的经验，可结合人民代表大会制度的发展需要而逐步建立相应的长效机制。

一、提高党政高级干部对人民代表大会制度及其要求的思想认识

从我国人大代表的结构来看，各级官员的比例一般占70%左右。因而，提高党政高级干部对人民代表大会制度的思想认识，具有极其重要的意义。尤其是，通过党校系统对人民代表大会制度进行培训教育，有突出的优势：一是教学内容得以拓深，可丰富党校教学内容。二是党校教学更容易加强与人大及其常委会的联系。如，北京市人大和北京市委党校，通过合作研发课题、开设专题培训、组织专题调研等形式，共同研发人民代表大会制度理论的学习教材。三是可优化党校教学形式，尤其是来自人大的实践案例可极大地丰富教学资源。可以说，通过这种高级干部研修班和培训班等形式，人民代表大会制度的教育培训将逐步被纳入常规的教学体系之中，这也使得人民代表大会制度的教育培训将有相对固定的学习群体、学习内容和学习机制，很有利于提高高级干部对人民代表大会制度及其要求的思想认识，从而为具体工作的开展打下基础。

---

① 习近平：《习近平谈治国理政》（第二卷），北京：外文出版社，2017年，第221—222页。

二、不断拓深人大机关现有的研修和培训班教育

多年以来，人民代表大会制度培训班和研讨班是人民代表大会制度教育的重要形式，这也为今后的发展提供了重要的现实平台。自党的十一届三中全会以来，随着社会主义民主法制建设的不断深入推进，对人民代表大会制度和人大工作的研究越来越引起重视。全国人大常委会办公厅和法工委曾多次举办培训班、研讨班，吸收一些专家学者参加研究人民代表大会制度和人大工作的问题。经过近年的发展，人民代表大会制度培训班已普遍被人们所接受。各种人民代表大会制度培训班逐渐被常规化和制度化。如，每年一度的各地人大代表培训班，首都区县人大常委会干部研修班等。人大培训的对象也有相对固定的庞大需求群体：第一类是各级人民代表大会代表；第二类是各级人大机关的工作人员；第三类为公务员；第四类为公民。这种以人大即时教育替代基础教育的模式，由于跟实践的密切相关性，具有很好的发展空间。尤其是在高科技快速发展的新时期，可通过网络等新形式进行便捷的即时学习。

三、建立人民代表大会制度教育的学科体系

人民代表大会制度的实践，对于教学（培训）和科研工作具有重要的导向作用。从人民代表大会制度的实践发展来看，要建立人民代表大会制度教学的学科体系，急需解决三个方面的问题，即：需要建立专业教学（培训）教材，以解决"教什么"的问题；培养和发展所需的专业师资队伍，以解决"谁来教"的问题；探索人民代表大会制度教育的有效方式方法，以解决"如何教"的问题。对于人民代表大会制度的科研发展而言，不仅要满足教学发展的要求，还需进一步将地方人大的实践探索上升到理论层次，并为国家立法的完善提供理论支撑。

（一）有待研发人民代表大会制度教学（培训）的专业教材，解决"教什么"的问题。

目前，高等学校对于人民代表大会制度的教学并没有组织编写专业的教材。相应的人民代表大会制度基础理论知识，大多散落在《宪法》《组织法》《代表法》《监督法》等法律规定中。各地在人大代表的培训教育中，所使用的教材也有很大的差异，导致各级各地人大代表的知识结构体系存在很大的不同，很不利于人民代表大会制度的统一协调发展，急需研发具有针对性的教育培训教材。

（二）有待培养一支人民代表大会制度的教学师资队伍，解决"谁来教"的问题。

由于受我国目前教育体制和专业设置的影响，人民代表大会制度的教学长期被法学和政治学教师所担当。在现实中，由于人民代表大会制度本身的专业性和亲实践特性，许多人民代表大会制度培训与研修班，都是由来自于人大及其常委会组成人员中理论素养较高的实践工作者临时担当。从形式上来看，虽已具有一些专业力量，但还没形成专业的师资队伍，仍需加强师资力量的培训和建设。因而，从长远来看，我们还要针对目前相关教师培训系统整体功能作用发挥方面存在的问题，充分发挥教师培训系统的整体功能作用。①

（三）探索人民代表大会制度教育的有效方式方法，解决"如何教"的问题。

目前的人民代表大会制度教学，主要是作为对国家政治制度的了解性知识而传授的，没有实践的导向，也不以培养人大所需人才为目的。对很多人大常委会工作人员和代表而言，"第一年旁边看，第二年学着干，第五年等着换"的循环，这在很大的程度上，也阻碍了人民代表大会制度的效能发挥②。从国外对公民进行议会教育的有关经验来看，很多国家的议会都使用了形式各异、富有创造性的教学资料来帮助老师向学生讲授议会过程。比如说，编写介绍议会制度的漫画书、设计介绍议会立法过程的棋类游戏等。因而，在我国未来的人民代表大会制度培训与研修教育中，还需进一步探索将实践、理论和教学相结合的有效模式。如，培训与研修的方法要灵活，形式要多样，应根据不同的层次采取不同的方法和形式，做到学习理论与学习业务相结合，学习先进典型与开展交流相结合，确保代表学有所得、学有所用。进一步扩大社会各界的有序政治参与，不断完善人民当家作主的有效机制。如，把选举民主和协商民主相结合，汇聚其优越性，弃其不足，当能把最优秀的精英推举到各级领导岗位上，使他们能够人尽其才地为人民服务，并受到人民的充分监督。③

（四）人民代表大会制度培训与研修的制度保障。

从发达国家的经验来看，许多国家都把公职人员的学习培训明确规定为公职人员应享受的权利和应尽的义务，并以立法的形式加以规范，从而建立了相应的教育培训长效机制。如，英国是世界上最早建立文官制度的国家，早在1855年就

---

① 赵素文：《发挥教师培训系统整体功能作用探讨》，《莆田学院学报》，2010年第6期。
② 刘维林：《地方人大常委会组成人员结构问题研究》，人民代表大会制度研究所编：《地方人大常委会设立30年研究》，北京：人民日报出版社，2010年，第281页。
③ 陈纯柱：《论社会主义政治发展道路的中国模式》，《重庆邮电大学学报（社会科学版）》，2010年第1期。

颁布了《关于录用王国政府文官的枢密令》，并建立了文官事务委员会。美国国会1958年通过了《雇员培训法令》，规定通过政府培训而提高联邦内外公职人员的工作效率。西德在《官员自立条例》第四十二条中规定，官员有义务关心保持和提高自己工作能力的业务进修措施。① 尽管我国还没颁布相应的法律规范，但已有相应的实践基础，值得我们认真探索建立相应的教育培训法律制度体系。

（五）建立人民代表大会制度培训与研修的评价体系。

随着我国人民代表大会制度在整个国家政治生活中地位的提升和一些学者学术兴趣的扩展，现已有越来越多的国内外高校、研究机构和学者加入人大研究的队列之中，学术成果的数量和质量也逐步提升。而且，国家和省部级立项课题也有实质性的突破。② 从有关学者的研究成果来看，主要可分为三种类型：一是对人大代表制理论的思考，即就某一个人民代表大会制度中的理论环节进行深入探讨。如，根据民意表达理论而对人民代表大会制度的代表机制的反思和探讨。③ 二是根据时间的流转，对人民代表大会制度历史发展的总结和反思，特别是对人大早期的制度发展的理论解读。三是对人大、党委和政府机构间的合作与协调机制的学理分析。④ 可以说，这些都极大地丰富和充实了人民代表大会制度的理论研究，但大多仅限于从文本到文本的研究，难以发挥切实的理论导向作用。因此，要使培训教育达到预期的目标，评价和反馈是必不可少的。只有建立起流程型指标和学习型相结合的动态评价指标体系，才能有效地指导培训教育工作的开展，进而较好地达到预期目标。

---

① 何俊志：《国外议会议员培训与研修体系比较》，《人大研究》，2006年第10期。
② 万东升：《人大研究与法学研究的关系——研究方法性的初步考察》，《人大研究》，2010年第4期。
③ O'Brien, Kevin J.Agents and remonstrators: Role accumulation by Chinese People's Congress deputies. *China Quarterly*, Vol.138,1994,P.359.
④ Louise Kloot.Performance measurement and accountability in an Australian fire service. *International Journal of Public Sector Management*,vol.22,2009,pp.128-145.

第三节　人大代表培训与研修长效机制的建构

> 大家都认为，一些干部"为官不为"已成了一个突出问题，各级党委就要不等不拖，辨证施策，争取尽快扭转。要加强对干部的教育培训，针对干部的知识空白、经验盲区、能力弱项，开展精准化的理论培训、政策培训、科技培训、管理培训、法规培训，突出针对性和实效性，从而增加兴奋点，消除困惑点，增强工作责任感和使命感，增强适应新形势新任务的信心和能力。①
>
> ——习近平

党的十八大提出，坚持走中国特色社会主义政治发展道路，支持和保证人民通过人民代表大会行使国家权力。党的十八届三中全会通过的《中共中央关于全面深化改革若干重大问题的决定》提出，全面深化改革的总目标是完善和发展中国特色社会主义制度，推进国家治理体系和治理能力现代化。习近平总书记进一步明确指出，坚持走中国特色社会主义政治发展道路，必须紧紧抓住人民代表大会这一主要民主渠道，充分发挥人民代表大会制度的根本政治制度作用。② 这些重要论述和要求，为新时期做好人大各项工作，对深入开展人民代表大会制度的理论研究与实践教学，具有重要的指导意义。

一、以建设中国特色社会主义为理论指导

建设有中国特色的社会主义国家，是中国人民的必由之路，是其在社会主义康庄大道上从胜利走向胜利的根本保证。然而，建设有中国特色的社会主义，必须有建设中国特色社会主义的理论作为指导。有中国特色的社会主义政治是有中国特色的社会主义的重要组成部分，而人民代表大会制度又是有中国特色社会主义政治的重要内容。因此，加强以马克思主义为指导的人大工作理论研究，尽快地建立"人大学"，是建设好有中国特色社会主义政治的需要，是其题中应有之

---

① 习近平：《习近平谈治国理政（第二卷）》，北京：外文出版社，2017年，第224页。
② 习近平：《关于〈中共中央关于全面深化改革若干重大问题的决定〉的说明》，《求是》，2013年第22期。

义。[1]

二、不断深入贯彻落实党的全面领导

党的十八大以来，习近平总书记始终高度重视人民代表大会制度，从坚持和完善党的领导、巩固中国特色社会主义制度的战略全局出发，继续推进人民代表大会制度理论和实践创新，提出了一系列新理念新思想新要求。[2] 在新的历史时期，要坚持和完善人民代表大会制度，推动人民代表大会制度与时俱进，做好新形势下人大工作，这些都要求深化党对人民代表大会制度的全面领导，加强对重大理论和实践问题的研究。

人民代表大会制度是我国政治体制的主要组成部分。政治体制改革在很大程度上是指如何更好地坚持和完善我国的人民代表大会制度。通过改革，如何使我国的人民代表大会制度更好地成为人民行使国家权力、实现当家作主的形式和途径？怎样使人民代表大会制度适应社会主义物质文明建设和精神文明建设的需要？这些关系人民代表大会制度建设的重大问题的解决，自然离不开人大工作理论研究方面的进展。因此，还需以思政课程建设为契机，尽快地建设马克思主义的"人大学"。

三、不断满足人大制度的实践发展需要

自人民代表大会制度在我国确立近70年来，特别是近十多年来，基于地方人大的实践创新而积累了丰富的经验，提出了许多重要的实践和理论问题，需要从理论上加以总结和概括，以进一步指导和推动人大建设。这不仅需要加强人大工作的理论研究，更要提高人大工作的理论水平。然而，从总体上看，人大工作的理论研究，跟不上人大建设发展的需要；人大理论，落后于人大实践。要改变人大理论研究这种被动局面，还有赖于"人大学"学科专业化的确立。

四、不断推进人大理论研究创新

自党的十八届三中全会以来，随着人大建设发展的需要，人大工作理论研究有了较快的发展，取得了长足的进步，出版、发表了一些理论与实践结合得较好

---

[1] 鲁士恭：《简议建立人大学的必要性》，《人大研究》，1992年第5期。
[2] 杨维汉、罗沙：《首次召开的中央人大工作会议，总书记强调这些大事》，《中国人大》，2021年第20期。

的有价值的研究成果。为建设"人大学"做了一定的思想理论准备。但是，以马克思主义为指导的、紧密结合实际而又有理论深度、力度的研究成果还不多，远未形成完整、系统、严密的人民代表大会制度的理论体系。尤其是，近年来国家对人大代表作用发挥的呼声渐高，在实践探索的基础上，如何充分发挥人大代表联系工作站和人大代表联系社区的制度化建设，已对新时期的人大理论研究工作提出了更高的要求。

五、不断促进多种培训与研修方式的有机结合

在线学习与教育方式的逐渐普及，可不断丰富各种学习形式。理论学习与实践学习的结合、经验交流与实地研学的结合、系统研究与专题报告的结合，以及在线学习和线下学习的结合等多种方式不断促进多种培训与研修方式的有机结合。

此外，随着对外开放的扩大，国际的议会交往必将日益增多。我们要在各国议会来往、交流中，保持清醒的头脑，积极宣传我国人民代表大会制度，批判地借鉴别国经验，更好地贯彻执行我国独立自主的和平外交政策，扩大我国政修制度的国际影响，并通过开办研究中心、开放国际化课程等方式，适用推进国际化的教育教学和学术合作。

附录 "人大学"研究的前期相关成果

不忘初心，牢记使命。《人大研究》于1992年初由《甘肃人大》更名创刊，为有志于建设"人大学"的理论工作者和实践工作者提供了交流互动的有效平台，获得学界积极广泛的探讨、研究和学术支持，催生了一系列关于"人大学"研究的富有影响力的学术成果。以《人大研究》为平台，很多人大研究学者对"人大学"设立的必要性、学科名称确定、学科建设与方案选择等问题进行了影响深远的广泛探讨。30多年过去，许多先哲达人的睿智研判至今仍富蕴智慧思想："人大学"学科体系的形成、理论的完善，只有在"百家争鸣"中，才可能自然而然地而不是强制地得到解决。[①] 是故，为积极有效传承前辈领导和学人的宏志良愿，特收集整理若干当年的研究论文作为学习和研究参考。

人大学是一门独立的社会科学[②]

程湘清

《人大研究》杂志开展"人大学"建设的讨论，是一件很有意义的事情。我这里只就"人大学"的研究对象谈一点看法。

毛泽东同志说："科学研究的区分，就是根据科学对象所具有的特殊的矛盾性。因此，对于某一现象的领域所特有的某一种矛盾的研究，就构成某一门科学的对象。"（新版《毛泽东选集》第309页）那么，作为"人大学"所具有的特殊矛盾和

---

① "卷首语"，《人大研究》，1992（1），1.
② 程湘清：《人大学是一门独立的社会科学》，《人大研究》，1992年第4期。

矛盾性是什么呢？我认为，人大学实质上应是人民代表大会制度学，或者也可以叫中国政体学，是关于同人民民主专政国体相适应的国家政权组织形式的学说。不宜把"人大学"的研究对象只归结为人民代表大会或人大工作，它的研究对象应当是人民代表大会制度。根据我国宪法的规定，人民代表大会制度可以概括为以下五点：第一，中华人民共和国的一切权力属于人民，这是我国国家制度的核心内容和根本准则；第二，人民行使国家权力的机关是全国人民代表大会和地方各级人民代表大会；第三，全国人民代表大会和地方各级人民代表大会都由民主选举产生，对人民负责，受人民监督；第四，国家行政机关、审判机关、检察机关都由人民代表大会产生，对它负责，受它监督；第五，各级人民代表大会及其常务委员会集体行使职权，集体决定问题。这五个方面相互贯通、结合，就是我国的人民代表大会制度。

从以上人民代表大会制度五个方面的内容可以看出：一方面，它是高度民主的，人民是一切权力的拥有者和源泉；另一方面，它又是高度集中的，由人民选出的国家权力机关统一行使国家的权力。因此，我们可以说，人民代表大会制度是作为国家形态的民主同作为国家制度的集中的对立统一，是高度民主同高度集中的对立统一。这应当是"人大学"领域所特有的一种矛盾。其特殊的矛盾性主要表现在以下几个关系上：

（一）人民群众同国家机关的关系。国家权力机关和国家行政、审判、检察机关都由人民直接或间接选举产生。所有国家机关都要按照人民的意志运转，都必须接受人民的监督。这是我国国家制度的本质特征和最大优势。实践已经证明，人民代表大会制度最便于人民行使当家作主的权利，参与国家的管理，从而充分发挥人民群众的积极性和创造性，把全国各族人民团结、动员和组织起来建设社会主义。"十亿人民掌握国家权力，是维护人民的根本利益的可靠保证，也是我们国家能够经得起各种风险的可靠保证。"（彭真：《关于中华人民共和国宪法修改草案的报告》）

（二）国家权力机关同行政、审判、检察机关的关系。按照宪法规定，在法律的制定和重大问题的决策上，必须由国家权力机关，即全国人大和地方各级人大，充分讨论，民主决定，以求真正集中和代表人民的意志和利益；而在它们的贯彻执行上，必须实行严格的责任制，以求提高工作效率。这就是说，在人民代表大会统一行使国家权力前提下，对国家的行政权、审判权、检察权和武装力量领导权，有明确的分工，从而使国家权力机关和行政、审判、检察机关等其他国家机关协调一致地工作。

（三）中央国家机关同地方国家机关的关系。宪法规定，中央和地方的国家机构职权的划分，遵循在中央的统一领导下，充分发挥地方的主动性、积极性的原则。对于我们这样一个地域广大、人口众多，由56个民族组成的国家，要保障人民当家作主，既要维护中央的统一领导，保持国家的整体性，又要有利于发挥地方的主动性、积极性，其中包括民族自治地方的主动性、积极性。

（四）发挥国家权力机关的作用同坚持党的领导的关系。人民代表大会制度，是党领导下的人民民主制度。只有在党的领导下，才能充分发挥人民代表大会制度的作用；而人民代表大会制度的加强和完善，又有利于更好地实现党对国家事务的领导。

以上四方面的关系，是作为国家形态的民主同作为国家制度的集中这一对特殊矛盾的具体表现。"人大学"就要以这一特殊矛盾及其具体表现，作为自己独特的研究对象。有的同志把人民代表大会制度仅仅理解为人大及其常委自身，这是不全面的。如前所述，人民代表大会制度的内容，不仅包括人大及其常委会的有关制度，而且包括由它产生的其他国家机关，以及它们之间相互关联的各项制度和原则。还有的同志把"人大学"只列入政治学的范畴，这也是不全面的。"人大学"从其研究对象来看，既与政治学有关，也同法学（特别是其中的宪法学）、行政学等学科有关。"人大学"要成为一门独立的具有自己特色的社会科学，必须进行交叉学科、多维取向的研究。

【作者简介】：程湘清，男，1937年生，山东成武人。1961年北京大学毕业后，先后在北京市委、成武县委、山东社科院工作。曾任全国人大常委会办公厅研究室副主任、研究员，中国民主法制出版社总编辑。

倡议确立"人大学"

云光

甘肃《人大研究》做了一件意义深远的工作，提出了建立"人大学"，并组织学者写了许多文章连载，为人大的建设、"人大学"的确立，做出了不可泯灭的贡献。

人类有了国家，就有了政治与行政的国家管理（氏族社会也有政治文化）。从君主专制到资产者专政及与之相适应的"三权分立"，从城邦国到共和国，不同时代有不同内容的政治学。它包括了政治理论、政治制度、政治思想、国际政治关系等各个方面。二十世纪，一些国家的人民，突破了封建的、资本主义制度的桎梏，建立了无产阶级专政的国家，人类的国家理论、国家制度走上了一个新的纪元。无产阶级专政（我国人民民主专政）的国体、人民代表大会的政体，在地球上有近四分之一人口的新中国屹立起来。四十年的实践，证明了它的成功。作为一门科学，研究无产阶级专政下的人民代表大会，包括其理论、制度、发展历史、现今实践与指导未来，都是无可非议的，是我们伟大祖国的建设绝对必需的。在学科地位上，不仅毋庸置疑，而且是人类政治学的新的发展。特别是在今天的改革大潮中，确立"人大学"这一学科，加强对"人大学"的研究，已成为当务之急。

《人大研究》杂志已刊出许多学者的高见，对必要性的论证、这个学科的建立方案甚至名称，发表了各自的观点，其中不乏精辟之作。我认为，本学科体系的形成、理论的完善，在"百家争鸣"中，才可能自然地而不是强制地得到解决。即人们会逐步倾向于某种体系和公认为正确的观点。

现在，我们应该把确立"人大学"这第一步工作付诸实际行动。为此，提议在1993年适当的时候，由全国人大研究室发起、有若干研究工作者参加，组成一个"人大学"研讨会的筹备小组，向全国学术界和人大发出邀请，届时欢迎大家带建立"人大学"的方案或提纲、专著赴会讨论。这个会的召开，也就标志着"人大学"学科地位的确立。会后，继续展开"百家争鸣"，可以预期不久的将来，定会有一些比较科学的"人大学"专著问世。当然，这一步骤应该得到全国人大常委会和各地人大的支持，才有成功的保证。

我们希望，"人大学"这一学科正式确立之后，甘肃《人大研究》（以及其他期刊）仍把"人大学"的研究作为主要内容，开辟讨论阵地，为"人大学"的茁壮成长助一臂之力。

【作者简介】：云光，男，汉族，政治学教授，中国老教授协会会长，主编《社会主义政治学》《政治学纲要》《国际共运史》等五部著作，发表政治论文多篇。其《社会主义政治学》一书，被台湾学者推荐为"台湾人读大陆"十本著作之一。是全国老有所为精英奖获得者、全国老干部先进个人和全国关心下一代先进个人。

当前人大学首要的是完善人民代表大会制度的研究

郭道晖

建立"人大学"(全称应为"人民代表大会制度学",下同)是一个好的设想。一部《红楼梦》小说尚且可以形成"红学",关系全民权利与权力的国家根本政治制度,作为一门学问来研究,自然是不成问题的。西方就有"议会学",美国一些大学政治系就开有"美国议会"的专门课程。关于议会制度的研究与专著更是浩如烟海。虽然迄今国内尚未见有"人大学"这门学科,但也已出版了一些论述我国人民代表大会制度的专著。就人大的几项基本权力与职能来看,有的已经形成了学科。如立法权是人大,也是西方议会的一项主要权力与日常的工作内容,有源远流长的历史和丰富的立法经验。到二十世纪中叶,国外法学界已开始形成一门系统的"立法学",出版了数以百计的立法学专著(包括立法制度、立法程序、立法技术等)。我国法学界在近十年来,也开始着手创立立法学这门学科,出版了《中国社会主义立法问题》《中国立法制度》《比较立法学》《立法机关比较研究》《立法学》《立法学教程》等十余本专著。在北大、中国政法大学、华东政法学院、吉林大学等学府,或已开设立法学课程,或已成立了立法学研究室。在中国,立法学方兴未艾,可望形成一门学科。又如人大的另一主要职权——监督权,现在我国已出版了《国家监督论》《国家监督制度》等专著,有关人民代表大会制度的专著中也都有专章论及人大监督问题,立法机关也正在拟订《监督法》。有的学者也正在撰写《监督学》的专著。

人民代表大会制度另一个重要特点是,它的一切权力是在会议上行使和实现的。无论立法、监督、决定、质询、调查、人事任免等项权力,都是通过会议的审议和表决,做出决定。因而议事程序是人民代表大会制度的生命形式、人大权力的运行形式。可以说无程序即无人民代表大会制度,而程序问题也是一门大学问。它要求既科学,又民主,还要准确,要讲究效率;要有丰富的程序经验,要运用政治学、法学、现代管理学、运筹学、信息学等科学理论知识,要熟悉本国议事的法律、习惯、传统以及案例。孙中山在《民权初步·序言》中曾经把规范议事程序的学问称为"议学",并说:"夫议事之学,西人童而习之,至中学程度,则已成为第二之天性矣。""然中国人受集会之厉禁,数百年于兹,合群之天性殆失,是以集会之原则、集会之条理、集会之习惯、集会之经验,皆阙然无有。"外国法治国家非常注重程序,它既是一种权力,也是一种权利,还可以作为议会党派斗争的手段。西方规范会议程序有议事法(Parliamentary Law),美英议会两院有议事专家(Parliamentarian),专备有关程序问题的咨询。关于立法程序的课程与专著也是不胜枚举。我们素以会多著称,但对于开会的程序却不甚讲究。近年来分别制定了全国人大及全国人大常委会议事规则,是一大进步。但尚无有关人大议事程序的专著出版。

既然上述人民代表大会制度中的几个重要组成部分可以独立成为一门学问,当然涵盖这一切的"人大学"也是可以成立的。不过,由于我国人大的历史还只有38年(比之欧美议会几百年的历史要短得多),而且其间年龄还中断过(累计有14年没开会)。目前人民代表大会制度还不完备,大多还处于形成过程中,实践的经验(包括教训)还有限,是否能形成一门独立的学科(这意味着形成一个独立的、完备的学术体系),则还有待实践的发展和学术界的努力。我认为当前最急需而重要的是,为完善我国人民代表大会制度进行理论研究和对策研究,并在此基础上,为建立"人大学"做准备。下面试举部分课题,供有志于"人大学"的学者和法律工作者进行探讨、研究的参考。

1. 关于立法权与立法制度的研究

首先是我国立法的发展战略与趋势的研究。当前要务是如何适应经济建设和改革开放的加快步伐,加快立法的速度与提高立法的质量与效率(譬如必须改变全国人大常委会每两月只开一次会,每次只能通过2—3个法律的慢速度、低效率的状况,充分发挥全国人大各专门委员会的立法职能以加快立法)。第二是中国立法体系的建设和理论研究。第三是中国立法体制研究。我认为对这个问题不必再纠缠于我国究属几级立法的争论,而是要具体研究如何界定各种法律性规范文件的规范等级与效力等级,划定各自的立法范围,协调它们之间的矛盾,克服立法无序现象(如立法越权、位阶无序、程序虚置,特别是如何防止行政立法规权的不断扩张和越权,导致全国人大某些立法权旁落,以及建立健全立法监督机制,制定立法标准法等等)。第四是大力加强立法方略与技术的研究,从立法预测,规划,立法步骤与方式,立法的起草、修改、废止、编纂以及立法结构、语言、文字乃至标点等等,都要加以规范化、科学化。

2. 关于监督权与监督制度的研究

人大的监督权从根本上说是人民的统治权的主要体现之一。忽视或者削弱人大的监督权，也就是削弱乃至否定了人民当家作主的权力与权利。这里有许多理论与实际问题要研究。首先是我国人大权力"集中统一与分工行使"的体制，同西方三权分立、分权制衡的理论的原则区别和批判借鉴的研究。不分清其本质区别是错误的；硬说我国人民代表大会制度一点也没有或一点也不值得借鉴分权制衡原理，也是过于武断的。顺便指出，通常认为我国人民代表大会制度是"议行合一"体制，也是不确切的。我国一切权力归人民，人大是人民行使权力的机关，但并非所有权力都由它直接行使，除立法权、监督权、人事任免权等人大自身职权是由人大"议行合一"地行使外，其他行政权、审判权、检察权等则是分别由人大选出的行政、审判、检察机关行使，人大并不包办，这些机关对人大负责，受人大监督，这也可说是"所有权与使用权相分离"的一种形式。人大是"议行统一"，即权力统一到人大，而不是"议行合一"。只有新中国成立初期的中央人民政府委员会和"文革"时期的革命委员会，或可称为"议行合一"的机构。第二是我国人大监督在国家监督体制中的法律地位，要研究它与其他形式的国家监督（行政监察、检察法律监督、政协民主监督等）和社会监督（公民和社会群体监督、舆论监督、党的监督等等）的区别与职能分工。第三是人大监督的主体与对象、程序与方式的研究。其法律监督与工作监督的分工与区别，对国家经济发展计划与国家财政预决算及重大事项的监督，以及对一府一委两院的监督等等。第四是党与人大的关系研究。党领导人大的理论根据与宪法根据；它与党必须在宪法和法律范围内活动的关系，实际中存在的问题等等。

3. 关于议事程序的研究

我国目前虽有了全国人大及其常委会的议事规则，但对议事程序的研究还远未深入。比如立法程序，还没有专门的《立法程序法》。关于人大代表与人大常委会组成人员的立法提案如何形成立法议案与法律草案，立法起草主体与程序，审议程序如何提高效率与效益，公布法律的程序规范化（公布权的划分，公布的时间、公布法律的法定刊物），备案制度的完善，立法效果的反馈，等等，都有待总结经验，借鉴外国，做出详细规定。此外，执行立法程序时还应注意防止、克服越权等混乱现象。

全面研究人民代表大会制度，建立"人大学"，问题还有一大堆。其中像人大的一些基本理论问题，如人民代表大会制度和中国共产党领导的多党合作和政治协商制度,现在都称为我国的基本政治制度,二者的性质、法律地位、作用、关系究竟如何界定,值得探讨。又,人大的选举制度的改进、人大代表构成的合理化和素质的提高、人大常委会委员专职化、人大的各项组织建设等,都有待行家深入研究和阐明。祝"人大学"的研究日益兴旺发展。

【作者简介】:郭道晖,1928年生。1951年清华大学毕业。曾任全国人大常委会法工委研究室副主任、中国法学会研究部主任、中华全国法制新闻工作者协会副理事长。现任中国法学会理事,法理学研究会副总干事,《中国法学》杂志总编辑,国际法哲学社会哲学协会会员、中国分会执委。著有《中国立法制度》(人民出版社1988年版)、《民主·法制·法律意识》(人民出版社1988年版),与人合著《中国社会主义建设》(辽宁人民出版社1986年版)、《中国公务员百科辞典》(1988年国际文化出版公司出版)等书,主编法工委《法制参考资料》(1—5辑)、《十年法制论丛》(法律出版社1991年版)、《法学文萃》(法律出版社1991年版)等书,发表论文50余篇。

关于创建人大学的几点浅见

浦兴祖

建立一门新学科,至少先得从以下一些方面进行充分论证:1.本学科的研究对象与范围;2.建立本学科的必要性、可行性;3.本学科的特点;4.本学科的体系框架;5.本学科的研究方法;6.本学科与其他相关学科的关系(科际边界)等。这里,我仅就其中几点谈一些看法,以示响应《人大研究》杂志社的同志们关于建立人大学的倡议。

一、关于研究对象与范围

对于"人大学",做望文生义的理解,那就很可能会认为它的研究对象只是"人大",即各级人民代表大会。我认为,人大学的研究对象应该是整个人民代表大会制度——是一种"制度",一种国家政权组织形式,而不仅限于某种"机构",某种"大会"。从此意义上看,我想,称"人民代表大会制度学"比称"人大学"更明确,全称是"人民代表大会制度学"。当然,制度的运行离不开作为权力载体的"机构"。人民代表大会制度学也要研究与人民代表大会制度相关的各类机构,不仅是"人大",而且还有由人大产生、对人大负责的国家行政机关、司法机关等。

那么,人民代表大会制度学对于各级人大、政府、法院、检察院等机关的组成、地位、职权、活动原则、运行程序,是否都要做具体、详尽的研究呢?这要具体分析。各级人大是国家权力机关,代表人民统一行使国家权力,它在全部国家机构中占首要的、中心的地位,是人民代表大会制度下最为重要的国家机关。对于它的研究,应该是全面的、具体的,而对于由人大派生的其他国家机关,则主要研究它们在全部国家机构中的地位,它们与人大的关系。至于它们的具体运行程序、工作方式等,应由行政学、司法学分别研究,不必纳入人民代表大会制度学的研究范围。

二、关于必要性

当人们已经意识到，实践的发展需要对某一特定领域进行系统的、深入的、科学的理论研究时，一门新学科的创建就成了必要。人民代表大会制度作为人民民主专政的政权组织形式，作为我国的根本政治制度，自它正式确立起，已走过了近四十年曲折发展的历程。其中的经验、教训、规律，亟待从理论上加以系统的总结、研究、概括；党的十一届三中全会以来，人民代表大会制度的自身建设和实际运行已越来越"真干"起来。正是由于"真干"，而不是敷衍了事、流于形式，就必然地遇到了各种新情况、新问题，这也亟待从理论与实际的结合上进行调查、研究、探索、做出科学的回答；坚持人民代表大会制度，不搞三权分立，是我们建设有中国特色的社会主义政治的一项既定方针，必须长期贯彻下去。为此，也亟待从理论上进一步论证这一制度的性质、地位、作用、特点，它的合理性、可行性、优越性，它与三权分立的西方议会制的区别，以及如何继续完善这一制度，等等，以使更多的干部、群众认识人民代表大会制度、自觉坚持人民代表大会制度。

看来，对人民代表大会制度进行系统、深入、科学的理论研究，已是势在必行，时不可待。以往也有过不少研究人民代表大会制度的成果，但大多是从一个角度展开的。现在，我们需要的是多角度、全方位的展开。以往的宪法学、政治学、科学社会主义等学科，也涉及人民代表大会制度，但由于它们的研究对象远不止人民代表大会制度这一个方面，因此，只能是"涉及"，不可能专门对它进行深入的研究。现在，我们需要的是把人民代表大会制度作为唯一的研究对象，进行专门的、深入的研究。鉴于上述，创建一门独立的人民代表大会制度学，是十分必要的。它将适应当代中国政治发展的需要，有利于坚持和完善人民代表大会制度，有利于建设有中国特色的社会主义。

三、关于可行性

创建人民代表大会制度学，不仅是必要的，而且也是可行的。正如前述，我们已有四十年，尤其是近十多年的实践、经验、教训、资料、实例、问题一应俱全，这就为我们创建并开展人民代表大会制度学研究提供了丰富的实际材料，此其一；马克思主义国家学说对无产阶级国家政治制度的建设有过不少重要论断，毛泽东、邓小平等领导人对人民代表大会制度的建设也有许多重要论述，这就为我们创建并开展人民代表大会制度学研究提供了正确的理论指导，此其二；近十余年涌现的有关人民代表大会制度研究的成果，虽然尚欠系统性，但毕竟能从不同角度为我们创建并开展人民代表大会制度学研究提供有益的启迪和基础，此其三；在各级人大机关和高等院校、科研机关，有一批致力于人民代表大会制度研究的理论工作者和实际工作者。尤其是不少人大机关所设的研究室里，有好多既懂理论、又有实践经验的同志，此其四。这几方面的人员携起手来，便是研究人民代表大会制度的一支可观的队伍。此乃创建和开展人民代表大会制度学的组织上的条件。各方面的条件既然已基本具备，着手筹建人民代表大会制度学的事情理应提上议事日程，完全可以边筹建边创造。

四、关于体系框架

任何一门学科，都应有自己的理论体系。这种体系必须具有严密的内在逻辑性，而不是一大堆概念、理论、知识的随意拼凑。人民代表大会制度学的理论体系，应从其研究对象——人民代表大会制度出发，精心设计。本人只提出一种粗略的体系框架，以抛砖引玉。

我设想，全部体系可分三大块。一是关于人民代表大会制度的基本理论。包括其含义、基本内容、理论依据、历史前提、主要原则、基本特点以及有关必须坚持这一制度的论证等。二是关于人民代表大会的体制，如组织体制、职权体制等，包括这些体制的历史沿革、现状、未来趋势等。三是人民代表大会制度的运行。包括对实际运行中的经验、教训的理论概括，对其规律的探索，对遇到的新情况、新问题的归纳、分析、阐述。简言之："理论—体制—运行"。

【作者简介】：浦兴祖，复旦大学国际政治系教师，上海市政治学会理事，上海区县乡镇人大工作理论研究会理事。曾主编《当代中国政治制度》（上海人民出版社），并任全国高等教育自学考试教材《当代中国政治制度》（高等教育出版社）副主编，参加编写《政治学概要》等著作。发表有关人民代表大会制度的论文多篇。

关于创立中国人大学的设想

李立秋

创立"中国人民代表大会学"这一新学科,涉及我国社会科学研究的一个新领域,本文试就创立"中国人民代表大会学"(简称"中国人大学")的几个理论问题,谈一点粗浅的看法,以期引起学术界的关注。

一、关于创立"中国人大学"的意义和条件

科学史表明,任何一门科学学科的创立都反映了一定领域内客观事物发展的需要,"中国人大学"是我国社会科学研究中有待开拓的一门新兴学科。当前,在国际政治风云变幻、国内加强民主法制建设的新形势下,它的建立具有较高的学术价值和社会效益。

(一)创立"中国人大学"是坚持与完善人民代表大会制度、推动社会主义民主法制建设的客观需要

国家是人类社会重要的历史现象,国家政体在国家问题中居于极为重要的地位,以致每个执政的阶级和集团都不能不重视它,对它进行研究,并运用它为自己服务。人类历史上奴隶制、封建制和资本主义制国家的政体虽然形式不 ,但在本质上体现的都是少数剥削者对广大劳动人民的阶级统治。

人民代表大会制度是我国的政体。十九世纪四十年代马克思主义的诞生,开辟了人类历史的新纪元,它以崭新的世界观和方法论揭示了人类社会发展的普遍规律,论证了社会主义代替资本主义的历史必然,指明了无产阶级专政是通向共产主义的必由之路,议行合一的人民代表机关是未来无产阶级统治的政治形式。1871年法国巴黎公社起义后,马克思和恩格斯以极其兴奋的心情总结了其经验,指出公社是"终于发现的,可以使劳动者在经济上获得解放的政治形式"。[①] 巴黎公社用立法与行政相统一的政权形式代替了"三权分立"的资产阶级国家机器,

---

[①]《马克思恩格斯选集》第2卷,北京:人民出版社,2004年,第378页。

是人类国家政权组织形式的伟大创举和变革。中国共产党人在领导人民进行的长期革命斗争中，吸取了国际无产阶级专政的历史经验，使马列主义的国家学说与中国民主政治建设的实践相结合，把人民代表大会制度作为国家政体。新中国成立以来我国人民代表大会制度虽然也历经过曲折，却仍然充满着勃勃生机。特别是党的十一届三中全会以来，这个制度的建设进入了一个崭新的历史时期，党中央始终把坚持和完善人民代表大会制度作为民主政治建设的核心内容和政治体制改革的首要课题，使它在实践中不断发展和完善。人民代表大会制度的实践，丰富了马列主义国家学说，也为研究其自身发展规律带来了许多重大的理论课题。人民代表大会制度的建设前途光明，同时也迫切需要科学理论的指导。但是在目前，无论在理论方面还是在实践方面对这一制度的研究都还很不够，还存在着许多尚未解决或未完全解决的重大理论和实践课题。譬如，人民代表大会制度产生和发展的客观规律、人民代表大会在国家政治体制中的地位和作用、人民代表大会制度的优越性及其功能充分有效发挥、如何处理好权力机关与党政机关的关系、怎样完善宪法和法律赋予人大及其常委会的各项职能、人民代表大会作为国家生活中最高层次监督和主要民主渠道作用如何发挥问题，等等。近些年来，企图以西方资产阶级"三权分立"的政治模式取代人民代表大会制度错误思潮的出现，以及当前苏联和东欧的剧变，也为我们如何坚持和完善人民代表大会制度提出了十分紧迫的任务。理论是行动的指南，新中国成立以来人民代表大会制度的实践表明，要更好地坚持与完善这个制度，充分发挥它的优越性，对它的理论和实践仅做一般性的研究和探讨是远远不够的。人民代表大会制度的建设是一项较大的系统工程，如果没有一套完整的、科学的理论作指导，其作为国家根本政治制度的作用就难以充分有效地发挥出来。只有建立起专门的学科，把人民代表大会制度的建设作为一门社会科学来研究，充分发挥理论思维的指导作用，才能促进它的发展和完善，从而推动国家民主政治的建设，也才能有效地抵御和反对以颠覆社会主义制度为根本目的的西方和平演变的战略。

（二）创立"中国人大学"是拓宽学术研究领域

我国社会科学的客观需要与人类社会发展是一个自然的历史过程，人们对于社会的科学认识也是有规律发展的历史。社会科学的发展到目前为止大体上经历了三个阶段。十八世纪以前，尚属于社会科学发展的初级阶段，这一时期关于社会知识的萌芽只是蕴含在古代未经分化的包罗万象的哲学之中。十八至十九世纪，社会科学的发展到了独立阶段,由于生产力的发展,使得人类对于社会现象的认识有了巨大的飞跃,这个时期,社会科学已逐步取得了独立的地位,并分化出许多基础学科。自二十世纪五十年代以来,由于科学技术日新月异地进步,现代科学体系正迅速地沿着高度综合和高度分化相统一的趋势发展,社会科学内部结构发生了很大变化,学科由单线走向多分支,由笼统地研究一般现象走向对事物进行专门的、具体的深入研究。基础学科经过进一步分化,形成许多分支学科和边缘学科,社会科学的空间领域越来越广阔。十一届三中全会以来,党中央领导同志十分重视对于民主法制建设的理论研究,早在1979年邓小平同志就明确提出了"政治学、法学、社会学以及世界政治的研究,我们过去多年忽视了,现在需要赶快补课"的要求[1],为我国社会科学研究的发展指出了新的方向。为了繁荣当前的社会科学研究,《中共中央关于制定国民经济和社会发展十年规划和"八五"计划的建议》也指出:"要加强社会科学研究,重点加强对建设有中国特色的社会主义重大理论问题和实际问题的研究。……加强自然科学与社会科学的密切结合,注意新学科和边缘学科的发展。"人民代表大会制度是建设有中国特色的社会主义民主政治的重要组成部分,加深对建立"中国人大学"的认识,把它作为一门新兴的科学学科,以深入研究和探讨我国人民代表大会制度产生和发展的客观规律,使之成为这一制度建设的指导力量在当前具有十分重要的理论意义。它的建立,将会为我国社会科学拓宽研究思路,开辟新的领域,从而在内容上和体系上进一步繁荣我国社会科学,也可能会带动一些新兴学科的产生。

关于创立"中国人大学"的条件。创立这门学科不仅是必要的,而且也是可能的。目前这门学科建立的条件已经具备,这主要表现在:(1)人民代表大会制度在中国扎根四十年,已经显示出巨大的优越性。在新的历史时期,党中央不仅对完善人民代表大会制度、加强人大工作做出了许多重要决策,而且还提供了一系列建设有中国特色的人民代表大会制度的指导思想,这为这门学科的创立提供了重要的思想条件。(2)马克思主义经典作家对建立人民代表机关的许多重大原则问题都做出过科学阐释,中国共产党人在长期的人民政权建设中已积累了十分丰富的经验。当前学术界对这一制度的研究空气也日趋活跃,取得了不少重要成果。这块阵地已不再是未开垦的处女地,这为这门学科的创立做了理论上的准备。(3)从学科发展史看,专门性学术组织的建立,是一门学科独立的重要标志,现在全

---

[1] 邓小平:《三中全会以来重要文献选编》(第二卷),北京:人民出版社,1994年,第180—181页。

国许多省、市、县都建立了以研究这一制度为宗旨的专门性学术组织，并拥有了一支人数较多的热心研究的专家学者和实际工作者队伍，这为这门学科的创立奠定了组织基础。这些情况表明，建立这门学科已不是空想，这门学科产生的主客观条件已经具备，理论上突破的时机已经到来。

二、创立"中国人大学"需要解决的几个问题

（一）关于"中国人大学"的研究对象和范围

任何一门学科的对象都是由该门学科的特殊本质决定的。社会科学的研究对象是人类社会，它的根本任务是研究社会现象的本质及其产生发展的规律。对于"中国人大学"，笔者认为它应主要探索人民代表大会制度这种社会上层建筑现象的本质及其产生和发展的规律。这门学科不仅要从宏观上研究人民代表大会制度产生和发展的理论，而且也要从微观上研究人大及其常委会职能行使的一系列具体工作实践问题。因此，在这里可以把"中国人大学"的研究对象表述为："中国人大学"是阐述我国人民代表大会制度的本质，论证人民代表大会制度的发展和作用，探索人民代表大会及其常委会工作规律的一门社会科学。"中国人大学"是我国人民代表大会制度现象的科学抽象是关于这一制度的理论、知识的逻辑体系和学说，是对我国人民代表大会制度理论与实践经验的概括和总结。

在目前这门学科的研究范围应主要包括以下内容：（1）本门学科的研究对象和研究方法。（2）马列主义经典作家关于人民代表机关的理论与实践。（3）人民代表大会制度的产生和沿革。（4）人民代表大会制度与外国议会的比较研究。（5）人大及其常委会在国家政治体制中的地位。（6）人民代表大会制度在国家民主政治建设中的作用。（7）人民代表大会与政党组织、行政机关、司法机关的关系。（8）人大及其常委会的职权运行原则、方式和规律。（9）人民代表大会制度的特色和政治优势。（10）人民代表大会制度的发展与完善。

（二）"中国人大学"与法学、政治学、科学社会主义的关系

从学科的性质和内容看，任何一门学科都不是孤立存在的，它既要扎根于基础学科，又必然与邻近学科有着相互交叉、相互渗透的亲缘关系，同时又以它特定的对象和范围作为本门学科独立存在的条件。为了进一步把握"中国人大学"的范围，这里有必要对它与邻近学科的关系做一比较，以便更好地明确它们之间

的界限。

1. "中国人大学"与法学的关系

法学是研究法的起源、本质、作用及发展规律的科学，我国法律规定人民代表大会制度为国家根本政治制度，规定了人大及其常委会的组织、职权和活动原则。但是法学只是从立法和法律监督的角度来研究上述人民代表大会制度中的重大问题的，其研究范围尚不涉及人民代表大会制度自身的一些重要理论及人民代表大会的具体工作实践。而"中国人大学"则不仅要研究人民代表大会制度的有关法律问题，同时也研究其产生发展的规律，以及人大及其常委会的各项具体工作和职能如何发挥的问题。这两门学科的内容虽有一定联系，但两者的范围也有着很大的不同。

2. "中国人大学"与政治学的关系

政治学是研究国家活动规律的科学，其对象包括政治学理论、政治制度、政治思想、国家形态等方面的内容，它的范围虽然包含有人民代表大会制度的部分内容，但由于政治学主要是一门基础性的理论学科，它只是从国家政治制度、政治体制的角度来分析这一制度的，其范围并不包含这一制度的理论与实践的全部内容。而"中国人大学"既强调理论性，又注重应用性，它不仅要研究作为政治制度、政治体制中的人民代表大会制度问题，而且更主要的着眼点是要研究如何发挥人民代表大会制度的作用，实现人民代表大会职能的活动问题。因此，对"中国人大学"的研究范围，政治学是不能代替的。

3. "中国人大学"与科学社会主义的关系

科学社会主义是关于无产阶级解放斗争的性质、条件和目的的学说，是指导共产主义实践活动的理论体系，是关于社会主义社会产生和发展规律的科学。人民代表大会制度的一些内容属于科学社会主义的研究范围，但它只是从无产阶级专政的国家形式和社会主义民主的角度进行研究的，在它的研究范围中并不包括人民代表大会制度的具体实践和人民代表大会的各项专门工作。而"中国人大学"则是对我国人民代表大会制度理论与实践经验的概括和总结，它的范围要比科学社会主义对这个制度的涉及要广泛得多，也深入得多。这两门学科的内容虽有一些交叉，但在范围上也有明显的差别。综上可以得出这样的结论："中国人大学"是与法学、政治学、科学社会主义具有密切关系，在内容上有一定交叉的一门独立的理论性与应用性相统一的社会科学学科。

（三）关于"中国人大学"的体系

"中国人大学"的体系包括专著理论体系和学科体系两个组成部分。

关于"中国人大学"专著的理论体系。一门学科的理论体系是该学科包含的基本内容的本质联系和外在表现形式。根据系统论的原理，从这门学科的对象和所涉及的内容范围看，一方面由于人民代表大会制度是国家政治制度，它必然要与国家政治法律、国家机关、政党组织发生关系，另一方面我国各级人民代表大会作为国家权力系统，它又具有反映该系统特征的各种专门工作，这些也是关系到这一制度作用发挥的重要因素，因而这两方面的内容都应置于这门学科的视野之内。这就决定了其理论体系应从研究人民代表大会制度的一般原理出发，过渡到人大及其常委会职能的分类研究，进而阐述其与国家机关、政党组织的相互关系，最后从政治体制改革的角度，研究如何完善这一制度问题。当然从不同的要求进行划分，其专著的理论体系可以有不同的划分方法。

关于"中国人大学"的学科体系。从发展的前景来看，这门学科是一个大有可为的研究领域。随着社会主义民主法制建设的发展，人民代表大会制度将会逐步完善，这门学科的体系也会更加充实和丰富，向研究的广度和深度发展，它的科学性和完整性将日益成熟。在这门学科中还可以分化出一些新的分支学科，这些学科极有可能是：选举学、人民代表学、人大监督学、人大立法学、人民代表大会制度史学、人民代表机关思想史学，等等。

三、关于加强"中国人大学"学科建设的思考

"中国人大学"是一门新兴的社会科学，起步较晚，要尽快提高整体水平，加速学科的科学化、现代化进程，在学科的建设上要从以下几个方面着手：

（一）对学科研究进行科学规划科学研究具有超前性，它不仅要从历史和现实中总结经验，探索事物的发展规律，更要运用这些经验和规律能动地预见未来，把握未来，因而对学科的规划研究十分重要。当前学术界对这一制度的理论研究在许多研究专题上进行了有意义的探索，取得了不少重要成果，但由于缺乏统筹规划和总体设计，还不能适应人大建设的实际需要。"中国人大学"的学科规划，就是指要在马克思主义的指导下，按照一定的目标，对今后一个时期内人民代表大会理论研究的重点方向和发展程度进行思考和设计。制定学科规划，可以在宏观上从定性和定量的角度把握科学研究的过程，减少盲目性。学科规划是一项系统工程，它要求从多角度进行全方位的综合思考，广集理论工作者的智慧。学科

规划的内容应包括规划目标、研究方向、重点课题、研究方式、完成阶段、具体措施等6个部分。其中规划目标的选择应当从学科发展与人民代表大会制度建设的实际出发，可以按照短期目标（八五期间）、中期目标（九五期间）和远期目标进行的具体设计。

（二）确立当前阶段的研究方向和课题

一门学科的命运如何，主要取决于它的研究方向在多大程度上体现时代的特征，回答时代提出的课题。正确地确定研究方向和科研课题，最终关系到学术成果的效益。八五期间这门学科的研究方向和课题的选择应当放在风云变幻的国际政治环境以及国内政治经济体制改革的大背景下综合考虑。研究方向和课题应当是有助于本门学科理论体系的确立、实现学科发展规划，推动当前具有中国特色的社会主义民主政治建设中那些具有关键性意义的内容。做到基础理论研究、应用研究、比较研究和发展研究的较好结合。研究课题可包括10个方面的内容：(1)关于建设有中国特色的人民代表大会制度方面的课题体系；(2)关于人民代表大会在国家政治体制中的地位和作用方面的课题体系；(3)关于人大及其常委会在社会主义政治和经济建设中的作用方面的课题体系；(4)关于人民代表大会工作规律和职权运用原则方面的课题体系；(5)关于完善宪法和法律赋予人大及其常委会各项职能方面的课题体系（6)我国人民代表大会与外国议会比较研究方面的课题体系；(7)关于人民代表大会在反对"和平演变"中的作用方面的课题体系；(8)"中国人大学"学科规划方面的课题体系；(9)"中国人大学"方法论方面的课题体系；(10)"中国人大学"专著的写作。

（三）加强对本学科研究方法的开发和探索

研究方法，是指社会科学用以探索和认识社会现象的方法。任何一门学科科学地位的确立不仅在于其理论体系的形成，同时也在于其研究方法的运用和发展。科学研究中的重大突破，往往伴随着科学方法的突破。在当代科学技术革命洪流的影响下社会科学研究方法和改革出现了三种新趋势：(1)由单纯的定性研究方向向定量化的方向发展，使社会科学研究更加精密化；(2)由平面思维方式向立体思维方式转变，运用现代系统论、控制论、信息论等横断科学解决比较复杂的理论和实践问题；(3)采用多学科手段研究社会科学问题，增强了研究方法的广阔性和创造性。在目前，这门学科的方法论研究尚属薄弱环节，而方法论研究的深度，则在很大程度上决定着学科的整体水平。方法论的现代化是学科现代化的先导，"中国人大学"也要从现代科学中汲取营养，借鉴研究思路和方法，除了应用一些传统的方法以外，自然科学、数理统计、横断科学、工程技术、电子计算机等方法和手段也应逐步运用于本学科的研究，以加速学科科学化、现代化的进程。

（四）密切"中国人大学"与其他学科的联系

高度综合和高度分化是现代科学发展的基本特征，当前社会科学研究已经出现了空前规模社会化的趋势，各学科之间的交叉渗透与联系与日益增多，科学研究已不再是个体劳动的"小科学"而转化为社会化的"大科学"。许多科研项目往往是横跨许多学科领域的综合性课题。加强学科之间的横向联系是当代科学发展提出的必然要求，反映了现代科学研究的规律，任何一门学科的理论，要跃入现代化的行列，就必须具有横向的科学眼光。"中国人大学"研究中有许多课题已不是一个学科的专家所能独立解决的，不合作就难以攻关。如人民代表大会系统工程的建立、电子计算机数据库的建立与应用、定量化研究、多学科手段和跨学科研究的课题等等。随着科学技术和民主政治建设的发展，本门学科将会面向更多的学科领域，在当前，除了自然科学以外，也要时时注意和汲取现代哲学、经济学、法学、政治学、社会学、科学社会主义等学科的研究方法和成果，以充实本门学科的知识框架。

【作者简介】：李立秋，男，汉族，1951年8月生。黑龙江省人大常委会调研室调研员，黑龙江省宪法和人大建设理论研究会理事。研究方向：人大理论、法学理论。先后在《中国法学》《犯罪与改造研究》《现代法学》《法学》《检察理论研究》等二十几家报刊发表《试论权力机关的廉政监督》《关于建设有中国特色的人民代表大会制度的若干思考》《必须坚持人民代表大会制度》等论文30余篇。

关于建立人大学的若干思考

阚珂

一般地说,一门学科的建立需要三个条件:一是有独立的研究对象;二是这门学科中的基本概念、基本理论已经基本廓清;三是从事这门学科研究的人员达到了一定的量和质。用这个标准衡量,建立"人大学"的条件已经具备。

我国的人民代表大会是代议机构的一种,但是,它与其他国家的代议机构有着许多重大区别,换言之,它具有中国特色。几十年来,有关人民代表大会的研究基本是由宪法学承担的。宪法是国家的根本大法,它包括政治、经济、文化、社会等多方面的内容。在我国现行宪法中,有关人民代表大会的内容只是其中的一部分,因而,有关人民代表大会的研究也只是宪法学的一部分内容。宪法学是法学的一个分支学科,它主要是从法律条文的角度对人民代表大会进行研究,它对人民代表大会的工作等内容的涉及既少且浅。宪法学难以对人民代表大会进行全面的研究。因此,有必要将有关人民代表大会的研究从宪法学中独立出来,建立以我国人民代表大会为研究对象的"人大学"。

我国的人民代表大会确立于1949年9月的中国人民政治协商会议第一届全体会议通过的《共同纲领》,全国从下到上系统建立起人民代表大会是以1954年9月召开的第一届全国人民代表大会第一次会议为标志的。四十多年来,特别是党的十一届三中全会以来,我国的人民代表大会制度和人大工作获得了重大发展。与此相伴随,有关人民代表大会的研究取得了突破性进展,有关人民代表大会的大量论文和一些专著问世,并形成了一支由人大机关工作人员和高校、社科院、党校等系统的法学、政治学研究人员组成的素质较高的有关人民代表大会的研究队伍。目前,建立"人大学"的条件已经成熟。建立"人大学",既可以填补学科空白,拓宽人大研究的领域,深化人大研究的内容,而且有利于促进人民代表大会制度和人大工作的进一步发展。

建立一门研究人民代表大会的学科,首先遇到的问题是,如何精确地确定这门学科的名称。本文上述中的"人大学"是个简称。那么,它的全称是什么呢?

要搞清这个问题，关键是搞清楚这里的"人大"的含义是什么。"人大"的含义有多种，如"人民代表大会""人民代表大会制度""人民代表大会制度和人大工作""人民代表大会制度建设"等。我认为，"人民代表大会制度"是指宪法、法律、地方性法规以及国家权力机关通过的决议、决定中有关人民代表大会的规定，它是静态的法律条文。"人大工作"是指人民代表大会、人大常委会、人大专门委员会、人大工作机构的实际运行，以及这些机构在实际运行中所产生的与其他国家机关、政党、社会团体的非法律的现实关系等，它主要是动态的实际运行状况。"人民代表大会制度"这个概念的着重点在"建设"二字上，因此，"人民代表大会制度建设学"的内容主要不是表述"人民代表大会制度"是什么，而主要着眼于如何"建设"人民代表大会制度。"人民代表大会"这个概念的含义十分广泛，既包括机构：人民代表大会、人大常委会、人大专门委员会、人大工作机构，也包括各种会议：人民代表大会会议、人大常委会会议、人大专门委员会会议、委员长（主任）会议；既包括人民代表大会制度，也包括人大工作；既包括人民代表大会制度和人大工作的现状，也包括人民代表大会制度和人大工作的历史及未来发展（即建设问题）。"人大学"应把人民代表大会的全部内容包括进去。因此，我认为，"人大学"应是"中国人民代表大会学"的简称，它以我国的人民代表大会的整体为研究对象。

其次，"人大学"学科性质问题。"人大学"与政治学有着密切的联系。政治学是研究以国家为中心的各种政治现象和政治关系及其发展规律的科学。人民代表大会是我国的国家机构之一，人民代表大会制度是我国的根本政治制度。因此，我认为，"人大学"是隶属于政治学的二级学科。古希腊最博学的思想家亚里士多德认为，政治学是一门实践的科学。作为实践的科学的政治学的分支学科的"人大学"应注重应用性、操作性，要密切联系人民代表大会的实际，研究和回答实践中提出的问题，不要把它搞成纯理论研究。这正是这门学科建立的缘由和生命力所在。最近出版的《地方人大是怎样行使职权的》一书，是生动、具体描述人民代表大会制度和人大工作的可贵尝试。对于普通的读者，可以通过这些实例从一个侧面了解人民代表大会制度和人大工作；对于人大代表、人大常委会组成人员和人大工作人员，可以从这些实例中得到启发和借鉴。

第三，"人大学"学科体系问题。从我见到的一些有关人民代表大会的著作的编写提纲来看，有的内容基本是关于人民代表大会基本原理的，并没有也不可能把有关人民代表大会的全部内容包括在其中，但定名为"人大学"，在我看来，如果从高校课程设置的角度考虑，"人大学"是由多门课程组成的一门学科，如"人民代表大会原理""人民代表大会史""人大立法学""人大监督学""人大选举制度"等。因此，我建议不要把所编著的有关人民代表大会某一方面内容的书定名为"人大学"。"人大学"的学科的科学体系有待于在"人大学"的建设中逐步地确立。

【作者简介】：阚珂，男，汉族，1955年1月生，1986年毕业于吉林大学政治学系，法学硕士，全国人大常委会秘书处秘书组正处级调研员，中国行政区划研究会理事，中国政治学会会员。著有《民可告官》（主编）、《人民代表大会制度建设四十年》（合著）、《中华人民共和国人民代表大会文献资料汇编》（副主编）、《行政管理学讲座》（合著）、《中国乡镇政权建设概论》（合著）等主要著作，并在《政治学研究》、《天津社会科学》、《人大研究》（甘肃）、《湖南人大工作》、《地方人大建设》（河北）等报刊上发表论文近20篇。

关于开展人大学研究的几点思考

田 虎

人大学是否已经创立？目前的状况，正如一位学者在现代管理学创立之初宣告的那样——尽管这门科学的出生证还没有填好，但它毕竟是生下来了，并且活着！

思考之一：关于人大学的形成途径

毫无疑问，人大学是应当创立起来的。现在最需要做的，绝不是简单机械地把不同学科中的有关人民代表大会制度的内容在人大学的新名称下组合起来；更不是像精明的商人那样，给自己的货品换一个时髦而响亮的商标以图抬高身价。而是要以科学求实的态度，完整准确地把握人大学独特的研究对象、范围及其联系与发展规律，形成自己的理论体系，以此取得作为一门独立学科的"身份证"。

人大学的创立与形成应有一个过程或几个阶段：第一个阶段，作为我国根本政治制度的人民代表大会制度以及国家权力机关在民主政治建设实践中，出现了一些仅靠注释法律、制定规范、进行工作研究等方法不能完满解决或者是带有挑战性的问题，于是，就产生了从政治学、宪法学、法理学等不同角度进行探讨的新思想、新观点、新构想。这也可称为人大学的"潜在期"。然后开始了第二阶段，试图把各种有关人民代表大会制度和国家权力机关行使职权的思想、观点系统化、理论化，整理概括出一套基本问题和概念。与此同时，又发现，由于受政治学、宪法学等不同学科自身研究对象、范围、方法的限制，它们只能从某一层面进行研究，而这种研究往往又是分散的、片段的，需要将人民代表大会制度以及国家权力机关行使职权作为专门的对象并以此为基础形成一套全面、完整的理论研究体系。于是，对人大学作为一门独立学科的必要性、可能性进行论证，并通过各种渠道引起理论界和社会各界的重视与关注，这是人大学创立的准备阶段。最后阶段是在对人民代表大会制度及国家权力机关行使职权的经验进行理论概括和总结的基础上对人大学自身的研究对象、范围及理论体系形成比较成熟的方案，并以此为起点进一步开展研究，奠定人大学作为一门独立学科在社会科学体系中的一席之位。

思考之二：关于人大学的研究方法

如何使人大学由表层的工作研究进入深层的科学领域？使之在民主政治建设中，为人民代表大会制度的进一步完善和国家权力机关充分有效地行使职权解释现象、提供方案、指导实践。人大学要走出以往工作研究的理论苍白、不敷运用的困境，就必须实现自身研究方法的变革。问题是旧的，而方法应该是新的。

长期以来，人大工作研究注重对策性研究，试图尽快解决实践中的问题，而忽视了作为解决问题前提的基础问题，如对宪法、法律中有关人民代表大会制度和国家权力机关行使职权的规定，注释解说多，而理论探索少。尤其是对其制度、性质、功能、原理、分类比较，具体适用及修改等基础问题研究不深，结果事与愿违甚至不能在实践中自圆其说。列宁曾经教导人们，如果不先解决一般的问题，就去解决个别的问题，那么随时随地都会不自觉地碰上这些一般问题。而在每个场合盲目地碰上这些问题，就必然会使自己的政策发生恶劣的动摇和丧失原则。

人大学既然成为一门独立的学科，那也就有权参加社会科学的大家庭。人大学在研究中尊重一切科学，并认真向它学习、借鉴。抛弃那些陈腐的偏见，从其他学科中吸收有利于自身发展的营养。这种吸收，不是拾其牙慧，而是将其赋予新的含义，形成新的体系，突破其他学科囿于自身研究对象、范围、方法而仅能一般地涉及人大学理论与实践的局限性。

在研究中不但要认真总结我国人民代表大会制度和国家权力机关行使职权的经验，也应在完善巩固我国根本政治制度的前提下，对外国政体构成及其理论学说中的有益之处大胆借鉴。近年来，我国法学之所以在各个部门法领域向法学现代化大大迈近，其中与比较法学作为一种新方法新学科，在理论研究中的出现与广泛运用并大胆从中外法律思想与制度中汲取养料是分不开的。这对于开展人大学研究无疑是很宝贵的启发。

思考之三：关于人大学的研究者

旅行者不一定都能成为地理学家，竞技场上的冠军也不是都能成为优秀的运动教练，这些事例提醒我们，有某种经历和技能同具有理论知识是两码事。单单依靠人大代表、人大工作者是不能创立并形成人大学的。需要政治学、宪法学等理论界的专家来论证人大学作为一门独立学科的科学性，形成人大学的理论研究体系等等。但是，光靠专家也不行。因为人大学作为一门实践性、运用性很强的学科，其强大的生命力直接来自人民代表大会制度和国家权力机关在民主政治建设中的实践活动。人大学除了研究基本原理、概念，更要结合实践，为完善人民代表大会制度，研究国家最高权力运行的程序、方法、有效以及保障其实效的法律措施等等。这就更需在国家权力机关内部建设一支具有理论素养且有志于人大学研究的研究者队伍。因为，他们处在实践的第一线，对现实状况最了解，对需要解决的问题感触最深，最能发现和抓住关键问题。同时，把他们在实践中遇到的问题、总结的经验、提出的建议等与研究者的分析、理论概括、构想等连接起来，在人大学中形成系统化的概念和研究方向与课题。反过来，又可以将研究成果最简捷地用于实践，提高人大学研究的效益。

建设一支国家权力机关自己的人大学研究队伍，应该是与创立人大学同步进行的。

思考之四：关于当前开展人大学研究的前沿问题

不解决当前开展人大学研究的前沿问题，是不可能创立人大学并开展研究的。其前沿问题至少有以下几个：

（1）是否需要并可能创立人大学？

（2）人大学是不是一门独立的学科，它与相邻学科的关系是什么？

（3）如何界定人大学的基本概念？

（4）怎样构建人大学的研究范围和理论体系？

【作者简介】：田虎，男，毕业于西北政法学院，甘肃省人大常委会司法民政工作委员会办公室干部，发表人大研究论文数篇。

积极建设人大学

夏瑞璋

目前，我国社会主义政治学的研究正出现向多学科化发展的趋势。人大学，便是政治科学中新开辟的一个领域。

人大学是一门新兴的学科，其定义尚待探讨。笔者认为，人大学是研究我国人民代表大会制度为核心的国家政权组织形式及其发展规律的科学。其内容包括人民代表大会及其常务委员会的产生和组织，由人民代表大会产生的政府、法院、检察院等机构的组织，以及这些国家政权组织之间的相互关系、活动原则等。

人大学有一系列分支学科。按组织形式分，有政府学、法院学、检察院学等；按组织层次分，有全国人大学、地方人大学等；按职权和活动方式分，有选举学、决策学、监督学、立法学等。我国的人民代表大会制度已经有了近四十年的实践，特别是经过"文革"曲折之后，在党的十一届三中全会以来路线、方针的指引下，人民代表大会制度得到了长足发展，已积累起比较丰富的经验，与此相联系的人大理论的研究也相当活跃。摆在人大理论研究和实际工作者面前的迫切任务，一方面需要对丰富的实践经验做出理论的概括；另一方面需要对继续发展和完善人民代表大会制度提供理论依据和科学的预测。这样，就有必要把人大理论和实践的研究推向更深的层次，建立人大学的科学体系。

建设人大学是一项艰巨而复杂的系统工程，需要各方面的不懈努力。

首先，要转变人们的观念，搞清人大学与相关学科的关系。一是要搞清人大学与科学社会主义的关系。有的同志认为，人民代表大会制度是我国的根本政治制度，有了科学社会主义理论作指导，就没有必要再搞人大学。笔者以为，这种观点值得商榷。诚然，作为无产阶级革命与无产阶级专政的学说，科学社会主义所论证的资本主义的灭亡和社会主义的实现这一历史发展的客观规律，无疑是指导社会主义国家政权建设的理论基础。但是，科学社会主义关于无产阶级国家政权组织的学说，仅是一般的原理，不同的社会主义国家由于国情的不同，所采取的国家组织形式必然会有差别。以人民代表大会制度为核心的政权组织形式，是根据我国的历史和现实条件，所选择的无产阶级专政（人民民主专政）的政权组织形式。它的建立、发展和完善，不仅需要科学社会主义作为理论基础，而且也需要以研究人民代表大会制度为核心的国家政权组织形式及其发展规律的人大学作理论指导。二是要搞清人大学与政治学的关系。社会主义政治学是研究社会主义国家学说、政治理论、政治制度和政治思想史的科学，而人大学则是我国政治学的分支学科。政治学包含了人大学，人大学又是政治科学有关内容的深化和细化，二者既有联系，又有区别，因而不能互相代替。三是要搞清人大学与宪法学的关系。这几年，不少同志对人大理论的探讨，是从宪法学的角度展开的，由此给人一种印象，似乎宪法学就是人大学。应该肯定，人民代表大会制度由宪法规定，人大又是以宪法为组织和活动的最高准则，人大学和宪法学有着非常密切的关系。但二者又是社会科学中的两门不同学科分别为政治学和宪法学的分支，具有不同的研究对象。宪法学研究的是宪法的本质及其产生和发展的规律，虽然也要涉及宪法的内容和条文，但它是从法学的角度，把人民代表大会制度作为宪法现象进行研究，这与从政治学的角度研究人民代表大会制度的发展规律是不同的。由上可见，搞清人大学与相关学科的关系，不仅可以提高对建设人大学必要性的认识，而且还可以加深理解相关学科对于人大学建设的重要意义。

第二，要以积极的姿态投身于人大学的建设。邓小平同志在《坚持四项基本原则》一文中指出："政治学、法学、社会学以及世界政治的研究，我们过去多年忽视了，现在也需要赶快补课。"这表明，政治学的研究早已提到党和国家的议事日程。作为政治学的重要分支学科，人大学则处于初创阶段，更需要大步赶上。因此，有志于人大学研究的专家、学者和实际工作者，应当以积极的姿态投身于人大学的建设。但理论的建设是一个长期的过程，对此不能操之过急，而应持之以恒，循序渐进。当前，我们需要着手做三件事：（1）要在已公之于世的人大理论和实践研究的科学成果的基础上，以马克思主义基本理论为指导，运用阶级分析的、历史的和比较的方法，尽早把人大学基本理论这个基础学科建立起来；（2）要根据实际需要，分别轻重缓急，有步骤地建立人大决策学、监督学等分支学科；（3）开展多层次多角度的研究，逐步建设人大学的体系。第三，采取有力措施，加强人大学研究的组织工作。建设人大学，仅靠学术界的努力是远远不够的，更重要的是要靠国家和有关方面采取有力的措施。为此，建议国家把人大学的研究，列入社会科学的重点研究项目，并从研究力量、经费等方面予以保证，力争在"八五"期间拿出权威的人大学基本理论的研究成果；建议全国人大常委会把人大学的建设列入重要议事日程，统筹安排，做出规划，并组织实施；建议地方各级人大常委会抓紧组织人大学的应用学科的研究，各地可以有所侧重，分工协作，有计划地进行；建议人大系统的报刊、高等院校的有关教学科研机构，以及有关学术团体，要从建设人大学的目标出发，加强对人大理论和实践的研究，根据"双百"方针，开展学术讨论，以进一步造成研究探讨的风气，推进人大学的建设。

【作者简介】：夏瑞璋，男，1935年8月生，原籍浙江宁波。现任湖南省人大法制委员会办公室主任。在《湖南法学》《法学学刊》《甘肃人大》(现《人大研究》)、《人民代表报》、《湖南人大工作》、《湖南司法》等报刊上发表论文、文章20多篇。

简议建立人大学的必要性

鲁士恭

值此国际风云急剧变化、国际共产主义运动遇到严重挑战、社会主义与资本主义两种思想、两种制度尖锐碰撞的形势下，甘肃《人大研究》编辑部围绕着建立建设"人大学"这一政治理论界、人大工作者十分关注的问题举办笔谈会，反映了时代的要求，意义颇为重大。

首先，建立"人大学"，是人民代表大会制度建设实践的迫切需要。人民代表大会制度在我国确立四十余年来，特别近十多年来，积累了丰富的经验，提出了许多重要的实践和理论问题，需要从理论上加以总结、概括、升华和解决，以进一步指导和推动人大的建设。这就需要加强人大工作的理论研究，提高人大工作的理论水平。然而，从总体上看，人大工作的理论研究，跟不上人大建设发展的需要；人大理论，落后于人大实践。要改变人大理论研究这种被动局面，就要立即着手于"人大学"的建设。

其次，建立"人大学"是人大理论建设的需要。党的十一届三中全会以来，随着人大建设发展的需要，人大工作理论研究有了较快的发展，取得了长足的进步，出版、发表了一些理论与实践结合得较好的有价值的研究成果。为建立"人大学"做了一定的思想理论准备。但是，以马克思主义为指导的、紧密结合实际而又有理论深度、力度的研究成果还不多，远未形成完整、系统、严密的人民代表大会制度的理论体系。

再次，建立"人大学"是建设有中国特色社会主义政治的需要。建设有中国特色的社会主义，是中国人民的必由之路，是其在社会主义康庄大道上从胜利走向胜利的根本保证。然而建设有中国特色的社会主义，必须有建设中国特色社会主义的理论作指导。有中国特色的社会主义政治是有中国特色的社会主义的重要组成部分，而人民代表大会制度又是有中国特色社会主义政治的重要内容。因此，加强以马克思主义为指导的人大工作理论研究，尽快地建立"人大学"，是建设好有中国特色社会主义政治的需要，是其题中应有之义。

第四，建立"人大学"是贯彻改革开放方针的需要。人民代表大会制度是我国政治体制的主要组成部分。政治体制改革在很大程度上是指如何更好地坚持和完善我国的人民代表大会制度。通过改革，如何使我国的人民代表大会制度更好地成为人民行使国家权力、实现当家作主的形式和途径？怎样使人民代表大会制度适应社会主义物质文明建设和精神文明建设的需要？……这些关系人民代表大会制度建设的重大问题的解决，自然离不开人大工作理论研究方面的进展。尽快地建设马克思主义的"人大学"无疑有利于指导和推动政体改革。

同时，随着对外开放的扩大，国际的议会交往必将日益增多。我们要在各国议会来往、交流中，保持清醒的头脑，积极宣传我国人民代表大会制度，批判地借鉴别国经验，更好地贯彻执行我国独立自主的和平外交政策，扩大我国的国际影响，也需要加强人民代表大会制度的理论研究，尽快地建立"人大学"。

第五，建立"人大学"是反对和平演变和清除资产阶级自由化思潮影响的需要。鼓吹三权分立的资产阶级议会制民主，攻击和贬低我国实行民主集中制的人民代表大会制度，不仅是资产阶级自由化分子在思想政治领域经常散布的一个重要主张，而且也是国际帝国主义反动势力对我国实行和平演变的重要手段。我们要从思想理论上清除资产阶级自由化在人民代表大会制度上制造的思想混乱和散布的错误影响，彻底挫败帝国主义反动势力以此对我进行和平演变的阴谋，就必须把我国社会主义的人民代表大会制度和资产阶级议会制度作为专门的研究对象，以马克思主义的国家学说为指导，对其进行系统、深入、科学的理论研究，才能站在历史唯物主义的高度、深刻认识我国社会主义人民代表大会制度的历史进步性和优越性，资产阶级议会制度的资产阶级本质及其虚伪性、狭隘性，从而坚定人们对人民代表大会制度的信念，以便更好地坚持它、完善它。建立和建设"人大学"正好适应了这一需要。同时，建立、建议人大学也必将推动我国政治学、宪法学等学科的建议，推动对马克思主义国家学说的深入研究。

【作者简介】：鲁士恭，男，汉，53岁，中共党员，现任山东社科院法学所所长、副研究员。近年来潜心于"人大"理论研究，已主编出版了《马克思主义论人民代表机关》《中国地方国家权力机关》，参与主编出版了《论地方国家权力机关建设》等书。现正主持"中西代议机构比较研究"课题。

建立人大建设学是非常必要的

刘传琛

我国人民代表大会制度作为国家的根本政治制度，经过四十余年的政权建设的实践证明，它是符合中国历史条件和民族特点的主要民主形式，保证了人民当家作主以及社会主义革命和建设。"文革"后，人民代表大会制度有了进一步完善和发展，从而促进了人民代表大会制度的经验积累和理论研究，也就必然提出是否在社会科学的学科中建立一门独立的人大建设学。据笔者从事人大理论和接触人大实际的体会，建立人大建设学是非常必要的。

1. 无产阶级在取得政权，争得社会主义民主之后，采用什么形式来实现这种民主，历来是人们十分关心的一个重要问题。列宁曾经提出了要"彻底发展民主，找出这种发展的形式，用实践来检验这些形式"。国家权力机关能否在实际上行使宪法和法律所赋予的职权，关系到人民行使国家权力、参与国家管理的程度如何，也是我国政权建设中一个关键问题。随着当前经济体制改革的深化，政治体制适应经济体制改革的发展，将直接关系到人民代表大会制度的完善和发展，从而向人们提出了如何根据我国国情，探索建设人大及其常委会的规律以及发展途径，把人大建设作为一门重要科学已是燃眉之急。

2. 从社会科学的各门学科来说，人民代表大会制度的研究涉及宪法学、政治学、行政学、社会学等几门主要学科。包括政治制度、选举制度、国家机构、议事规则、立法工作和行政管理等，但这些学科的研究主要是按照自己的研究对象侧重于研究人大建设的某一方面，而不能包含人大建设的全貌，也就是说，不是将人民代表大会制度作为这些学科的唯一研究客体，没有从整体上分析综合人大建设的基本规律。因此，人大建设作为独立的专门学科有其现实的需要。

3. 从1985年以来，我国关于人大建设的理论研究有了较大发展，相继出版和发展了不少有关人大建设研究、代表知识手册以及行使立法、决定、监督、任免等职权和人大自身建设方面的各种著作和论文，这些都为人大建设作为一门独立社会科学提供了良好条件。

4.马克思主义的国家学说告诉人们,如果没有与该国情相适应的政体形式,那么国体的实质是很难体现的。我国人民代表大会制度40年来历史经验告诉我们,如果忽视了国家政体建设,国家和人民就有可能遭受灾难。鉴于此,建立人大建设学,可以加强我国各级政权的建设。

根据近十年来人大工作的理论研究和实践。人大建设学似可以从下列几方面内容着手:

①我国人民代表大会制度的各个历史发展阶段研究。
②我国代表制度与各国议会制度的比较研究。
③关于人大的各种法律研究。
④关于人大的法律地位、性质、职能和作用研究。
⑤关于人大的组织机构和议事规则研究。
⑥关于人大的职权行使和代表的参政议政研究。
⑦关于人大对公民权益保障的研究。
⑧关于人民代表大会制度和政治协商制度区别和联系的研究。
⑨关于人大的操作程序和有关规定的研究。

作者简介:刘传琛,男,上海社科院法学所宪法室副研究员,上海市区县人大工作理论研究会常务理事,长期从事地方人大、选举制度和外国宪法的研究教学工作。

建立人大学的几个断想

吴家麟

我国宪法庄严宣告:"中华人民共和国的一切权力属于人民。"人民如何行使国家权力呢？要通过全国人民代表大会和地方各级人民代表大会,因此,人民代表大会制度是我们国家的根本政治制度。能否充分发挥人民代表大会的作用,是涉及人民是否真正当家做主的至关重要的问题。为此,必须把人民代表大会制度作为一门科学来研究。甘肃省《人大研究》杂志提出建立一门独立的学科——"人大学"的建议,是很有远见的,我举双手赞成!

建立"人大学"的时机是否成熟了呢？条件是否具备了呢？我的答案是肯定的。第一,我们有正确的理论作为指导,那就是马克思主义国家学说。马克思主义国家学说内容博大精深,体系完整严密,对国家各个方面的问题,都进行了深入的考察和研究。国家的本质和形式问题,就是马克思主义国家学说的一个重要组成部分。我们通常说的"国体",就是国家的本质；我们通常说的"政体"就是国家的形式。民主集中制的人民代表大会制度就是我们国家的政体,即政权组织形式。马克思主义认为,国体决定政体,但政体又有相对的独立性,政体对国体有着巨大的反作用。但我们的不少同志只记得头一句话,而记不得后面两句话,因而把政体看成纯粹的被决定的东西,认为没有加以深入研究的必要。重视国体问题是正确的,而轻视政体问题就不对了。理论上准备不够,在实践上就容易出毛病,新中国成立以来的事实就说明了这一点。我们必须以马克思主义关于国体和政体的学说为依据,掌握二者的辩证关系,把对政体的研究放在重要的位置上来,使人民当家作主的原则真正落到实处。第二,我们有了多年人民代表大会制度的实践经验。新中国成立以后,我们国家就致力于建设人民代表大会制度,至今已有40多年的历史了,可谓"积40余年之经验"。如果把解放以前革命根据地的政权建设工作也算在内,那就有50多年的历史了。这几十年所走过的道路并不是平坦的,曲折崎岖、坎坷不平、严霜厉雪、风风雨雨,走的正是"S"形的路。这就有利于我们从正反两个方面总结经验和吸取教训。通过考察和研究,我们就会知道什么是正确的，什么是错误的；怎么做是对的，怎么做是错的；什么是应该坚持和发展的，什么是应该抛弃和革除的，这对于进一步完善我们的人民代表大会制度，大有益处。第三，我们有了一支相当可观的人大研究的队伍。自从 1979 年在县级以上地方人民代表大会设立常务委员会以来，人大工作有了显著的起色和重大的发展。有了地方的人大常委会，人大干部就在全国范围内形成一支既能搞实际工作又能从事理论研究的队伍，至今地方人大常委会的干部全国已有数万人之多。近年来，各地方人大常委会相继设立研究室之类的研究机构，这就是从事"人大学"研究的重要基地。再把国内的宪法学的教学和研究人员以及政治学教学和研究人员组织起来，三方面的力量通力合作，协作攻关，一定能搞出成果来。

怎样才能使"人大学"成为一门既有生命力又有战斗力的新学科呢？我看关键在于坚持"双百方针"。"人大学"的"学"，指的就是一门科学或一个学科，对"人大学"的要求应该高于对一般人大宣传工作的要求。既然作为一门科学，就要依照科学的规律办事。正如"百花齐放"是发展艺术的规律一样，"百家争鸣"就是发展科学的规律。"百花凋谢"只能给文艺园地带来一片荒凉，"万马齐喑"也只能给科学阵地带来一派寂静。因此，"百花齐放、百家争鸣""古为今用，洋为中用"就成为我们党繁荣社会主义科学文化事业的重要方针。

为了贯彻"双百方针"，从事"人大学"研究的同志就必须解放思想，突破禁区，勇于探索，大胆创造。要提倡独立思考，不能人云亦云；要鼓励坚持真理，不能畏缩不前；要多点个人见解，少来点文件搬家；不要唯一、唯书，要唯实。不宜公开发表的见解，可先在内部交流，这样既可避免在社会上造成不良影响，又能互相切磋，开展争论，做到内外有别。

贯彻"双百方针"不是无条件的，要有个前提，这个前提就是坚持四项基本原则，不允许任何人借"双百方针"的名义来否定社会主义方向，否定人民民主专政制度，否定党的领导，否定马克思主义的指导。坚持马克思主义的指导地位不是坚持马克思主义经典作家著作中的具体字句，而是坚持马克思主义的立场、观点和方法；坚持党的领导是坚持党对国家机构的政治领导、组织领导和思想领导，而不是去肯定"以党代政，党政不分"的做法；坚持社会主义方向和坚持改革开放是统一的；坚持人民民主专政就要"两手抓"，一手抓对敌对势力的专政，一手抓民主政治的建设。

人民代表大会制度是人民民主专政的具体形式，是我们国家的根本政治制度。

研究"人大学",要在"坚持"和"完善"这两个方面大做文章。"坚持"和"完善"是相辅相成、缺一不可的,不坚持就谈不上完善,而是改弦易辙,全盘西化;不完善也就难以坚持,经济体制改革深化了,政治体制不改革行吗?当然,坚持是第一位的,完善是第二位的。随着"人大学"研究的深入,我们在坚持和发展人民代表大会制度方面,必将取得突破性的进展。

纵横比较方法是马克思主义的一种重要研究方法,因为有比较才有鉴别,有鉴别才能分清真善美与假恶丑。"不怕不识货,只怕货比货",我们常说的优越性,不就是从比较中得出来的吗?尽管我国目前还处在社会主义的初级阶段,并不是一切都好,但我们的社会和国家制度、经济和政治制度在本质上是优越的,不足之处也可以通过比较而发现和改正,因此我们不怕比较,不回避比较。

研究"人大学"要善于从"纵"和"横"两个方面进行比较。考察我国人民代表大会制度发展的历史轨迹,把现在的人民代表大会制度同历史上的代表制度进行比较,看哪些方面是相同的,哪些方面是不同的;哪个时期前进了,哪个时期停滞不前了,甚至是倒退了;知道了昨天和今天,就能更好地筹划明天,这是纵比。除了纵比之外,还要进行横比,本质相同的政治制度可以比较,本质不同的政治制度也可以进行比较,因为这既能更有说服力地揭露西方国家政治制度的本质,也能了解西方国家的制度在非本质方面有无长处可供借鉴和参考。我们既要从总体上进行宏观比较,以开阔视野,坚定信心,也要对具体制度进行微观比较,以取人之长,补己之短。在比较时要力戒主观片面,主观片面的比较容易使人产生错误的认识,所以必须坚持比较的客观性和全面性。愿甘肃省《人大研究》杂志倡议建立的"人大学",能够很快在社会主义祖国的大地上开花结果!

【作者简介】:吴家麟,男,我国著名宪法学家。现任宁夏大学教授,宁夏回族自治区人大常委会委员、中国法学会理事、中国政治学会理事、中国宪法学研究会副总干事、中国法律逻辑研究会会长、中国高教学会理事、宁夏法学会名誉会长。系高等法律院校统编教材《宪法学》《法律逻辑学》和中央电大法律专业教材《宪法学》主编,《大百科全书·法学卷》编委兼宪法行政法分支副主编。

人大学的研究方法

周鹄昌

　　同研究任何社会科学一样，研究人大学的方法，首先要以辩证唯物主义和历史唯物主义这一科学的世界观和方法论为指导，始终坚持理论联系实际的原则。实践，这是研究人大学的出发点和归宿。因此，研究人大学要着眼于实际，着眼于建设社会主义民主政治，坚持和完善人民代表大会制度，加强人民代表大会的各项制度建设这一些最根本、最基础的问题。还必须从实际出发，从当前人大工作的状况、特点、存在问题入手，去调查、去思索、去研究。脱离实际的人大学是毫无价值的。必须防止和反对过去曾经出现的脱离实际、空洞浮泛的形式主义和断章取义、为我所用的实用主义两种不良学风，真正做到理论和实践的统一。

　　其次，在研究现实问题的同时，要注重历史考查。一切事物都有其产生、发展的过程。对研究对象进行历史考查是合乎科学的方法之一。正如列宁在讲到如何研究国家问题时所指出的："为了解决社会科学问题，为了真正获得正确处理这个问题的本领而不被一大堆细节或各种争执意见所迷惑，为了用科学眼光观察这个问题，最可靠、最必需、最重要的就是不要忘记基本的历史联系，考察每个问题都要看某种现象在历史上怎样产生；在发展中经过了哪些主要阶段，并根据它的这种发展去考察这一事物现在是怎样的。"（列宁《论国家》，《列宁选集》第 4 卷第 13 页）研究人大学，着眼于现实中国的人民代表大会制度是对的，但也应研究苏维埃，研究巴黎公社，研究我国新民主主义革命时期的政权建设。特别要研究我国人民代表大会制度正式确立 10 年来的历史。研究和考查历史的结果，也可能派生出一门"人大史学"来，这也不错，它可以表明我们对人大学研究的深化。

　　第三，要善于比较。唯物辩证法认为，宇宙间的万事万物都是互相联系、互相依赖、互相制约的。完全脱离开其他事物的孤立存在的东西是没有的。离开互相联系，事物便不能存在，不能运动，也不可能被理解。正如黑格尔所说的："我们不可离开别物而思考某物。"社会科学中的各门学科，都是从不同的角度，分别对同一社会的某一特定方面的现象进行系统的专门研究，而这同一社会中的各方面的现象本来就是互相联系、互相影响，乃至互相制约的关系。正因为如此，人大学与许多门社会科学相接近、相关联，如人大学与法学（尤其是宪法学）、政治学、行政管理学等。所以，我们要善于比较，从中找出人大学这门学科的特殊的研究对象和特殊的内涵。这是从学科方面讲的。另一方面，还应当用人民代表大会制度同"议会制""君主制"和其他历史上或者当代的国家政体进行比较。这样，不仅可以深化对人大学的研究，还可以使人大学之研究更好地服务于建设有中国特色的社会主义民主政治的需要。

第四，要借助于新的、现代化的科学研究方法。如系统论、信息论、控制论等建立在现代自然科学基础上的新的科学方法论。系统论是研究系统的模式、原则和规律，并对其功能进行数学描述的一门学科；信息论是研究信息的本质，研究信息的计量、传递、变换和储存的一门学科；控制论是研究各种系统的控制和调节的一般规律的学科。这些新的科学，从不同侧面揭示客观物质世界的内在联系和运动规律，为现代科学技术的发展提供了新的思想方法。近年来，国内外一些人正在尝试将这些新的科学方法引入社会科学研究中来，并取得了可喜的成果。人大学的研究，从一开始就应当借助于这些新的方法，重视系统、定性定量分析、信息及反馈等。这样，人大学的研究就有可能捷足先登。目前，全国人大常委会办公厅已建立了全国地方性法规数据库，说明运用新的科学方法进行人大学的研究已经开始。

【作者简介】：周鹄昌，男，云南省人大法制委员会办公室副主任，中国法学会会员。

人大学与人大期刊的走向

蜀陀螺

可以毫不夸张地说，在科学飞跃发展的今天，任何一门新学科的诞生都离不开期刊这个摇篮。远的不说，只说中国近年来迅速崛起、兴盛的"领导科学"和"行政管理学"，就是《领导科学》《中国行政管理》等杂志"摇"出来的。人大学的建设与人大期刊的走向也是密不可分的。

一、地方人大期刊的类型

顺应地方人民代表大会制度不断发展的趋势，各省、自治区、直辖市人大常委会先后办起了人大期刊。人大期刊是人民代表大会制度实践发展的产物。随着地方人民代表大会制度的发展，地方人大期刊亦呈四个类型：公文汇编型期刊、新闻型期刊、新闻和理论并举型期刊、理论研究型期刊。

（一）公文汇编型期刊。大致是1980年至1988年这个阶段。从严格意义上说，这个时期的地方人大期刊还不能算作真正的期刊。名曰"期刊"，实为文件、内部资料、领导讲话、工作简报等公文汇编。封面装帧粗糙，无版式设计可言。刊期不定。没有固定的栏目，往往是编辑根据文章临时冠以栏名。刊物没有自己的作者队伍，上报下发的各种文件是稿件的唯一来源。刊物也没有自己的发行渠道，一般按文件免费发送。刊物也没有正规的编辑部。目前，此类型的地方人大期刊不多了，全国仅有极少几家。

（二）新闻型期刊。1988年以后出现的。它的主要特点是以刊登各级人大的实践总结、经验交流、工作动态等新闻文章为主，综合宣传报道人大工作。期刊名字也由原来的《工作通讯》《工作简讯》改为《××人大工作》《××人大》。这个时期的期刊初步走上正轨，成立了编辑部，有主编、副主编，有专职责任编辑，有自己的通讯员队伍，建立了发行渠道，也有比较固定的栏目。封面装帧较为注重，陆陆续续改为彩色封面。内文版式也较讲究。文章质量有所提高。

（三）新闻和理论并举型期刊。1990年后出现的。以《甘肃人大》、《江苏人大》、《江西人大工作》、《民主法制建设》(四川)、《地方人大建设》(河北)、《人大建设》(吉林和河南)、《黑龙江人大工作》等期刊为代表。这些期刊,既宣传报道人大工作,又以一定的篇幅发表人大理论研究文章。这种类型的期刊,在宣传人大工作、研究人大工作中发挥了较大的作用,比较受读者欢迎。

(四)理论研究型期刊。目前,这种类型的期刊全国只有一家。《甘肃人大》从1991年第7期起,由新闻和理论并举型期刊改为理论研究型期刊,并在1992年第1期易名为《人大研究》。该刊注重发表理论性、实践性、探讨性较强的人大研究文章,以"研究政治民主法制、探讨人大建设理论、总结人大工作实践、追踪人大发展趋势、革新人大工作方法、开拓人大研究领域"为己任,并力倡"人大学"的建立和建设,在全国范围内邀请对人大理论研究有造诣的专家、学者和实践工作者在刊物上举办"人大学笔会",为"人大学"的诞生呐喊、奠基、催产。

二、人大期刊的发展趋势

地方人大期刊由公文汇编型期刊衍生出新闻型期刊、新闻和理论并举型期刊、理论研究型期刊,并非偶然,其中人大期刊理论化的发展趋势已初露端倪。

人大期刊理论化是人们对人大期刊可读性认识深化的结果。一段时间以来,人们对人大期刊可读性的认识有误差,以为浅显的人大宣传文章方有读者。也难怪,初泳者,总喜欢浅水区下水,后到深水区方觉浅水区的乏味和深水区的乐趣。浅显的人大宣传文章激动、吸引不了读者的事实,成为引导人大期刊走出"可读性"误区的路标。新颖、深度和理论的高度,才是构成人大期刊可读性的真正内涵。在《人大研究》杂志每期举办的"有奖阅刊赛"活动中,读者包括不少农民代表对"本期中哪三篇文章最好"的答案都是那些有较高理论水平的文章。此足可为"可读性"的含义作注,也足可对低估基层代表、基层读者阅读水平的看法予以修正。

人大期刊理论化更是人大实践发展催化人大学诞生的结果。应该承认,任何一门实践最初并无自己的理论或者说是自己的理论匮乏的。实践生理论,实践丰富理论。只有当人大实践发展到一定阶段后,人大实践才有可能同理论联姻,从而孕育出自己的科学理论。当然,在人大自己的科学理论成熟之前,我们并不否认人大实践对相关科学的依赖。何况任何一门科学的完美都离不了汲取相关科学的营养。人大实践和人大相关科学共同孵化出了"人大学"。有了内核就必然有外壳。随着人大学的诞生和发展,人大学的载体——人大理论期刊理所当然地会应运而生。

人大学学科建设之我见

卓越

　　历经 40 余年的我国人民代表大会制度的实践催动、改革开放以来人大理论研究的强烈呼唤，建立一门以研究中国国家权力机关运作规律为对象的人大学已是水到渠成、势在必行。

　　围绕着人大学学科建设，笔者谈谈个人的几点浅见：

　　明确人大学的学科性质和地位。一门新学科诞生以后，是否有理论价值，是否能得到社会的承认，关键在于它是否能够在学科体系的坐标图上找到自己的方位，是否能够明确与其母学科、与其相邻学科的逻辑关系。改革开放以来，我国理论界呈现出一个百花齐放的动人景观，涌现出许多新学科。比较常见的有这么两种类型：一类是适应当代科学发展整体化趋势而形成的综合性、横向性、边缘性的学科，如领导学、人才学等，这类学科大都属于应用性学科，涉及学科领域较广。另一类是适应当代社会不断分工的需要而在原有基础学科之下产生新的分支，这类学科具体又可分为新生型与恢复型。

　　人大学当属于政治学学科类的一门应用科学，马克思主义哲学是人大学世界观与方法论的理论指导，国家学、法学为人大学铺垫了专业的理论基础，当代中国政治学是人大学直接母系学科，党建、中国当代行政学等是与人大学并列的相邻学科。人大学是属于中国当代政治学内在必然的组成部分，今天的倡导组建只能说是迟到的春天。

　　人大学把研究的时间限于当代，把研究的空间定在中国，把研究的内容对准以国家、权力为内涵的政治学的核心部分，因此，人大学是社会科学领域中应用性最强、现实感最强的一类学科。进行社会科学研究必须坚持四项基本原则，必须体现富有中国特色的社会主义，对于人大学的研究本身就体现了这两个准则。人民代表大会是我国的根本政治制度，是我国政治体系中的全权机关，人民代表大会制度又是适合我国国情的议行合一的政权组织形式。人大学的研究不仅与资本主义国家的立法学、议会学有本质的不同，也与其他社会主义国家研究国家权力机关运作的学科有所区别。人大学的产生，对于我国改革开放，对于社会民主政治建设当有十分积极的促进作用。目前，需要致力于两个方面的建设：

一、完善人大学的理论体系

有一套较为严谨的理论体系，是一门新学科成立的基本要件。按照这个要求，人大学已经自成体系，是符合条件的。人大学的学科体系大致可以这样建构：人大学的基本理论，包括对人大的产生发展、性质地位、组成任期、职责权限的研究等；人大学的组织理论，包括对人大常委会、人大专门委员会、人大办事机构等的研究；人大学的行为理论，包括对代表行为、会议行为等的研究；人大学的环境理论，包括对全国人大与各级地方人大的关系、人大与代表的关系、人大与一府一委两院的关系等的研究。此外，笔者以为，作为一门有一定理论层次的应用学科，要使自身理论体系臻于完善要不断地丰富发展。人大学的理论体系，不应该仅仅停留在静态上，依从于法律规范的描述，要从动态上反映出改革开放以来对实践中所提出新问题的升华和对理论上提出新观点的概括。

在坚持四项基本原则的基础上，对于理论界一些学术观点，应该进行概括和理顺。例如，对于人大监督内容分类问题，较多的是分成工作监督与法律监督；也有人提出按行政监督、人事监督、财政监督、司法监督来进行分类；也有人提出人大监督内容的实质就是法律监督，其他的监督内容，诸如工作监督、人事监督、财政监督都是在法律监督的基础上进行分类的。诸如此类的问题，学科体系中要能够反映出来。

人大学理论体系还要体现时代的特征，及时地解释并吸收一些新形成的理论范畴。例如，随着廉政建设的广泛、深入、持久发展，人大学论坛上，时有出现人大廉政监督的文章。笔者以为，人大廉政监督不是廉政建设在人大领域的一个简单移植，也不是现行人大监督体系一个机械的附加，人大廉政监督有其内在必然性。但它却的确是一个新的范畴，是在一个更加广阔视野里拓开的一个新角度，是对监督客体行为范式合规与否的一种监督，廉政是与勤政、优政相对应的一组范畴。廉政监督问题显然要从人大监督理论体系中反映出来才是。

二、增强人大学的公关效应

一门新学科产生之后，要想得到迅速发展，应该循着两条思路进行，一条是不断地完善自身的理论体系，这在前已述。另一条就是要借助于一定的催化手段，要协调好学科与环境的关系，要使学科迅速地适应环境、打开局面。正如经济发展中一个新产品，出现后，要想进入市场、打开销路，除了自身质量过硬外，还要有强烈的公关意识，需要借助于广告等传播手段。当今学界论坛，社会科学如林，作为一门后起学科，人大学要想一枝竞秀，更加需要注入一些心血栽培，多给它创造一些良好的外在环境。

成立学会、举办专门的理论研讨会，这是侧重在人大系统内进行人大学传播的第一个层面。同时，还可以通过广播电视报纸对此的报道，起到更为广泛的公关效果。近年来，一些省市陆续召开了有关人民代表大会制度建设的理论研讨会，有的还在此基础上建立专门的学会，有的则与政治学会直接挂钩，这些工作无疑推进了人大学的创建与传播。但遗憾的是，全国人大至今不仅没有成立有关的学会，甚至也没有举办过专门的理论研讨会，这个问题希望能够在高层引起重视，酝酿形成人大学迅速发展的大气候。

办班培训，这是在人大系统内进行人大学传播的第二个层面。通过培训骨干、提高素质、以点带面、逐层传播。就目前情况看，每逢换届之后，倒是都有一些办班培训，但性质上大都为工作性的培训，今后的培训要能够反映出理论性、深层次的特点。

创办一批人大研究的刊物，出版一批人大学的专门著作，这是人大学在更广泛的社会大系统中进行传播发展的动力机制。

【作者简介】：卓越，男，1957年生，厦门大学政治学系讲师，国家理论专业硕士，近年来，在《甘肃人大》(现名《人大研究》)、《福建人大》等刊物上发表过《人大质询权论析》《罢免权与弹劾权的比较研究》等论文50余篇。

人大研究应成为一门独立的学科

尹万邦

人大学之所以应当成为一门独立的社会科学，笔者认为，其理由有以下四点：

第一，具备学科建立的基础。主要表现为一是我国人民代表大会制度经过新中国成立后四十年的发展，积累了丰富的实践经验，为学科建立提供了丰富的理论内涵。二是近年来，社会科学界（如法学界、政治学界）的专家学者和各级人大实际工作者已经越来越重视对人民代表大会制度的理论与实践的研究，逐步形成了一支理论研究的队伍，产生了一批理论研究成果，为这门学科的形成和建立奠定了基础。

第二，这门学科的领域宽广，内涵丰富，发展前途广阔。人大学涉及政治学、法学、经济学、社会学等多种学科，而不能由其中任何一门学科所代替、所包容，可以说其是具有广阔理论领域的一门边缘科学。

第三，这门科学的建立，已经有明确的指导思想，就是马克思主义国家学说。我国的人民代表大会制度产生、确立、巩固和发展的全过程，都是在马克思主义、毛泽东思想指导下进行的，是具有中国特色的人民民主制度。它与西方的"议会制度"，相对立而存在，相比较而发展。

第四，实践需要这门学科，斗争需要这门学科。这里也从两个方面来讲，一是我国人民代表大会制度在实践中积累了许多宝贵经验，也在前进中遇到了许多实际问题，经验需要升华为理论，实际问题需要在理论的指导下得到解决，这就是实践呼唤理论、理论指导实践。我国的人民代表大会制度要巩固、发展，就迫切地需要理论指导，需要建立研究人民代表大会制度理论与实践的科学。二是东欧剧变，苏联解体之后，我国的人民代表大会制度面临着西方"议会制度"的挑战，帝国主义对我国推行和平演变的战略，打着民主、自由、人权的旗号发动猖狂进攻。在这种情况下，尤其需要加强对人民代表大会制度理论和实践的研究，尤其需要这门科学的建立，并借以促进人民代表大会制度的坚持、完善和发展。

从以上四点来看，对人民代表大会制度理论与实践的研究是一门学科，应当成为一门独立的社会科学，它的建立是不以人们的意志为转移的客观发展趋势，只是一个或迟或早的时间问题。至于给这门学科命名，我认为叫"人大学"也可，或者叫"政权学"也可。

【作者简介】：尹万邦，现任重庆市人大常委会秘书长，重庆市法学会、政治学会副会长。1980年从事人大工作。在实际工作中热心理论研究，有专著《地方人大工作概论》（重庆出版社1988年出版），并在各级报刊发表了不少关于民主与法制建设、人大工作研究的论文，他的专著和一些论文先后获四川省重庆社会科学成果奖等各种奖励。

实践呼唤"人大学"

周鹄昌

在《甘肃人大》(现更名为《人大研究》编者注,下同)上看到"人大学"这个词,心情为之振奋!

我孤陋寡闻。据学界的朋友们说,历史进入20世纪八九十年代,世界的步子迈得快了,几乎是在奔跑。信息爆炸,新学科不断涌现。单是国内外社会科学的新学科、社会科学与自然科学相互渗透的综合性学科、边缘学科(不包括分支学科)就数以百计。可是,恰恰就没有应当成为一门独立学科的"人大学"。

学问来源于实践。一门新学科的出现是实践的产物。

中国的人民代表大会制度是宪法确立的根本政治制度,是中国的政权组织形式。在人民代表大会制度的形成、发展中,有许许多多值得研究和探讨的学问。这就是人民代表大会的实践向理论提出的要求。

"人大学"研究的对象是极其广阔的,它包括国家政权组织形式的比较研究;人民代表大会制度的发生、发展和前景;人民代表制度;人民代表大会的组织制度;人民代表大会行使职权的制度,包括议事制度、立法制度、监督制度;人民代表大会制度与国家其他制度的关系等等。如果细分,每一制度又有许多内容。单是为人民代表大会这一权力机构运转服务的人大常委会机关的工作,就是一门博大的学问。当然,按大的门类来分,"人大学"应该属于政治学的分支。因为政治学从它的萌芽阶段起,就一直是以国家的起源、性质、职能、目的、组织形式以及治国的方略,也就是进行统治的方式方法等为研究对象的。但随着社会的发展,政治学似乎已容纳不了"人大学"。"人大学"也不可能仅仅是政治学的一个章节。

法学家喜欢把国家仅仅看作一个法律现象,认为国家不过是制定法律和实施法律的主体。因此把研究政权组织形式的科学纳入法学范畴。"人大学"当然应当包含其中。但事实上,法学早已分离出多种新学科了,如社会法学、科学法学、比较法学。"人大学"也应当从法学中独立出来。十年来,中国的人民代表大会制度有了空前的发展，为"人大学"的创立提供了实践的大舞台。县级以上地方人大设立常委会后，各级人大常委会机关荟萃了一大批"人大学"的实践者和研究者。这无疑是"人大学"赖以产生的基础。因此，"人大学"的产生，是时代的呼唤，是建设有中国特色的社会主义民主政治制度的必然要求。

《甘肃人大》（现名《人大研究》）率先倡导创立和研究"人大学"，这种胆识是值得钦佩的。期望《甘肃人大》（现名《人大研究》）成为第一块研究"人大学"的阵地。期待国内外政治学、法学界的专家学者重视"人大学"，更盼望在人大工作的同志当中涌现一批"人大学"的专家学者，也希望能早日读到更多的博大精深的"人大学"专著。

（作者：云南省人大法制委员会办公室副主任，中国法学会会员）

参考文献

【专著类】

1. 《马克思恩格斯选集》(第四卷),人民出版社,1995年版。
2. 《列宁全集》(第33卷),人民出版社,2017年版。
3. 《列宁选集》(第1—4卷),人民出版社,1995年版。
4. 《毛泽东选集》(第一卷),人民出版社,1991年版。
5. 《毛泽东选集》(第三卷),人民出版社,1991年版。
6. 《邓小平选集》(第二卷),人民出版社,1994年版。
7. 《邓小平文选》(第三卷),人民出版社,1993年版。
8. 《习近平谈治国理政(第一卷)》,外文出版社,2014年版。
9. 《习近平谈治国理政(第二卷)》,外文出版社,2017年版。
10. 《习近平谈治国理政(第三卷)》,外文出版社,2020年版。
11. 王清秀:《人大学》,民主法制出版社,2000年版。
12. 卓泽渊:《法学导论》,法律出版社,2003年版。
13. 何俊志:《中国县级人民代表大会制度模式研究》,重庆出版社,2005年版。
14. 《江泽民文选》(第一卷),人民出版社,2006年版。
15. 全国人大常委会办公厅研究室编:《人民代表大会制度重要论述》,中国民主法制出版社,2008年版。
16. 刘政:《人民代表大会制度的历史足迹》,中国民主法制出版社,2008年版。
17. 陈斯喜:《人民代表大会制度概论》,中国民主法制出版社,2008年版。
18. 刘建军,何俊志,杨建党:《新中国根本政治制度研究》,上海人民出版社,2009年版。
19. 人民代表大会制度研究所编:《地方人大常委会设立30年研究》,人民日报出版社,2010年版。

20. 本书编写组:《毛泽东思想和中国特色社会主义理论体系概论》,高等教育出版社,2010年版。

21. 人民代表大会制度研究所:《地方人大常委会30年——重大事件回放与点评》,人民日报出版社,2010年版。

22. 全国人大常委会办公厅研究室编:《纪念地方人大设立常委会30周年文集》(上册),中国法制出版社,2010年版。

23. 王清秀:《人大学》(第二版),中国政法大学出版社,2014年版。

24. 席文启:《人民代表大会制度十五讲》,红旗出版社,2016年版。

25. 黄士孝,陈化明,贾书成:《地方人大代表培训读本》,人民日报出版社,2017年版。

【期刊论文类】

26.《加强人民代表大会制度理论研究 推动人民代表大会制度与时俱进——张德江委员长在中国人民代表大会制度理论研究会成立大会上的讲话》,《中国人大》2014年第2期。

27. 上海人大工作研究会、上海社科院法学所联合课题组:《坚持和完善人民代表大会制度的重要平台——各地人民代表大会制度理论研究会状况调研》,《人大研究》2013年第7期。

28. 鲁双庆,吴庆华:《论地方高校的学科建设与专业建设》,《长沙大学学报》2008第5期。

29. 赖祖胜:《现在建立人大学是否早了点》,《人大研究》1993第6期。

30. 程湘清:《人大学是一门独立的社会科学》,《人大研究》1992年第4期。

31. 浦兴祖:《关于创建人大学的几点浅见》,《人大研究》1992年第7期。

32. 阚珂:《关于建立人大学的若干思考》,《人大研究》1992年第6期。

33. 吴家麟:《建立人大学的几个断想》,《人大研究》1992年第4期。

34. 郭道晖:《当前人大学首要的是完善人民代表大会制度的研究》,《人大研究》1992年第7期。

35. 卓越:《人大学学科建设之我见》,《人大研究》1992年第5期。

36. 夏瑞璋:《积极建设人大学》,《人大研究》1992年第5期。

37. 周鹄昌:《实践呼唤"人大学"》,《人大研究》1992年第1期。

38. 田虎:《关于开展人大学研究的几点思考》,《人大研究》1992年第8期。

39. 鲁士恭:《"简议建立人大学的必要性"》,《人大研究》1992年第5期。

40. 云光:《"倡议确立人大学"》,《人大研究》1993年第2期。

41. 周芳芳:《"关于加速'人大学'学科建设的几点建议"》,《人大研究》1993年第2期。

42. 徐秀义,齐小力:《试论人大对公安执法的监督》,《现代法学》1994年第6期。

43. 中国社会科学院语言研究所词典编辑室:《现代汉语词典》,商务印书馆,1996年版。

44. 黎晓武:《论加强全国人大常委会委员的立法作用》,《法律科学》1999年第2期。

45. 江晓阳:《我国人大会议公开制度浅析》,《法学评论》1999年第1期。

46. 陈伯礼:《论权力机关对授权立法的监督控制》,《法商研究》2000年第1期。

47. 马建:《关于学科建设的几个问题》,《中国高教研究》2001年第7期。

48. 宁生:《论学科建设》,《石油教育》2002年第1期。

49. 刘诚芳:《试析学科建设的几个问题》,《西南民族学院学报》(社科版)2002年第1期。

50. 谢桂华:《关于学科建设的若干问题》,《高等教育研究》2002年第5期。

51. 张振刚:《中国研究型大学分类研究》,《高等工程教育研究》2002年第4期。

52. 余国扬:《高校学科建设研究》,《广州大学学报》(社科版)2002年第2期。

53. 王清秀:《人民代表大会制度学》,中国人民公安大学出版社,2003年版。

54. 卓泽渊:《法学导论》,法律出版社,2003年版。

55. 贺卫方:《人大代表职业化的影响》,《经济观察报》2003年3月3日。

56. 周伟:《全国人大法律委员会统一审议法律草案立法程序之改革》,《法律科学》2004年第5期。

57. 上官丕亮:《划分人大法部门和建立人大法学初论》,《政法论丛》2004年第2期。

58. 何俊志:《中国地方人民代表大会制度的研究现状与展望》,《法制与社会发展》2004年第5期。

59. 艾志鸿:《"国外议会促进公民参与的几种途径"》,《人大研究》2004年第

9 期。

60. 马涛，邓鹏图:《高等学校学科建设内涵略析》,《高等教育研究学报》2004 年第 1 期。

61. 王志刚、王昌民:《关于培育学科特色若干问题的思考，高校办学特色系列研究之四》(下),《宝鸡文理学院学报》(社会科学版) 2004 年第 1 期。

62. 郭必裕:《对"学科"与"专业"建设两张皮问题的对策研究》,《高等工程教育研究》2004 年第 5 期。

63. 朱小平，刘毅:《高校学科建设中存在的问题及对策探讨》,《西北医学教育》2005 年第 6 期。

64. 覃利:《论教学型高校学科建设工作》,《高教探索》2005 年第 3 期。

65. 何俊志:《国外议会议员培训与研修体系比较》,《人大研究》2006 年第 10 期。

66. 周祖德:《以学科建设为核心推进学校全面发展》,《中国高等教育》2006 年第 1 期。

67. 兰先芳:《浅谈高职院校的专业建设与人才培养》,《重庆职业技术学院学报》2006 年第 2 期。

68. 王梅，陈士俊，干怡然:《我国高校学科建设研究述评》,《国地质大学学报》(社会科学版) 2006 年第 1 期。

69. 郭纬:《高校学科建设的管理模式》,《教师教育研究》2006 年第 5 期。

70. 徐警武:《论高校学科建设的制度创新》,《学位与研究生教育》2006 年第 7 期。

71. 李中锋，濮德林:《论高校学科建设中的学术组织创新》,《中国高教研究》2006 年第 10 期。

72. 王梅，陈士俊，王怡然:《我国高校学科建设研究述评》,《中国地质大学学报》(社会科学版) 2006 年第 6 期。

73. 万东升:《人大学的研究现状及研究对象和方法》,《人大研究》2007 年第 5 期。

74. 杨涛:《耗散结构与协同学理论视野下的高校学科建设》,《高教探索》2007 年第 6 期。

75. 曾冬梅，陈江波:《学科建设与专业建设的竞争与协作关系》,《教育与现代化》2007 年。

76. 唐纪良，曾冬梅，武波：《论学科建设与专业建设的互动关系》，《改革与战略》2007年第11期。

77. 刘海燕，曾晓虹：《学科与专业、学科建设与专业建设关系辨析》，《高等教育研究学报》2007年第12期。

78. 曾冬梅，陈江波：《基于协同学视角的"学科—专业"一体化建设初探》，《黑龙江教育（高教研究与评估）》2007年第5期。

79. 左鹏：《"大学生选民的选举心态和选举行为—以北京市区县人大代表环节选举为例"》，《青年研究》2007年第9期。

80. 王清秀：《创建人大学的思考》，《四川理工学院学报》（社会科学版）2008年第5期。

81. 柳和生，程肇基：《地市高校学科建设要服务于地方经济》，《教育学术月刊》2008年第6期。

82. 王梅，王怡然，柳洲：《基于自组织理论的高校学科建设研究》，《科学学与科学技术管理》2008年第6期。

83. 程湘清：《一项彪炳史册的政治体制改革之举——设立地方人大常委会的历程、意义和功效》（上），《人大研究》2009年第11期。

84. 孙英：《简评中外人大研究现状》，《人大研究》2009年第3期。

85. 程湘清：《一项彪炳史册的政治体制改革之举——设立地方人大常委会的历程、意义和功效》（下），《人大研究》2009年第12期。

86. 谢桂华：《关于学科建设的若干问题》，《高等教育研究》2009年第9期。

87. 赵林记：《浅析地方高校学科建设中的几个关系》，《宝鸡文理学院学报》（社会科学版）2009年第4期。

88. 高秀梅：《论高等学校学科建设与专业建设的关系》，《广东海洋大学学报》2009年第10期。

89. 赵素文：《发挥教师培训系统整体功能作用探讨》，《莆田学院学报》2010年第6期，第77-80、95页。

90. 陈纯柱：《论社会主义政治发展道路的中国模式》，《重庆邮电大学学报》（社会科学版）2010年第1期，第11-16、48页。

91. 万东升：《人大研究与法学研究的关系——研究方法性的初步考察》，《人大研究》2010年第4期。

92. 高赟、巨生良：《关于高校学科建设若干问题的思考》，《丝绸之路》2010

年第 18 期。

93. 刘兴华：《论高校学科建设与专业建设之间的关系》，《湖南财经高等专科学校学报》2010 年第 4 期。

94. 周长鲜：《论我国人大代表培训与研修体系的构建》，《四川理工大学学报（人文社会科学版）》，2011 年第 11 期。

95. 鲍泓：《"关于北京联合大学'十二五'时期学科建设的认识与思考"》，《北京联合大学学报（自然科学版）》2012 年第 2 期。

96. 宫福清，蔡竹，邵淑娟，王涛：《浅析学科建设与专业建设的关系》，《中国校外教育》2012 年第 4 期。

97. 李红：《地方本科院校学科建设与专业建设关系的研究》，《文教资料》2012 年第 2 期。

98. 周长鲜：《关于设立"人大学"的现实需求初探》，《人民论坛》2012 年第 1 期。

99. 黄彬：《新建本科院校学科、专业和课程建设协调发展探讨》，《经济视角（下）》2013 年第 10 期。

100. 周长鲜：《英国青年议会及其对国家认同的塑造机制》，《新视野》2016 年第 1 期。

101. O'Brien, Kevin J, "Agents and remonstrators: Role accumulation by Chinese People's Congress deputies", China Quarterly, vol. 138,1994, p.359.

102. Middleton, Emily (2006), "Youth Participation in the UK: Bureaucratic Disaster or Triumph of Child Rights?"(PDF), Children, Youth and Environments, 16(?): 11

103. Xia M, "Political Contestation and the Emergence of the Provincial People's Congresses as Power Players in Chinese Politics: a network explanation", Journal of Contemporary China, vol.24,2000.

【学位论文】

104. 明荆：《中国与西方主要发达国家公务员培训的比较研究》，硕士学位论文，江西师范大学，2006 年。

105. 刘涛：《新建普通本科院校学科建设策略研究》，硕士学位论文，山东大学，2012 年。

106. 陈江波：《高等学校"学科—专业"一体化建设的研究》，硕士学位论文，广西大学，2007年。

107. 葛庆庆：《民办本科院校学科建设研究》，硕士学位论文，山东师范大学，2013年。

108. 马文仁：《教学型大学转型策略中的学科建设研究》，硕士学位论文，浙江工业大学，2012年。

109. 覃利：《教学型高校学科建设的思路和途径》，硕士学位论文，武汉大学，2004年5月。

110. 栗新：《地方本科院校学科建设研究》，硕士学位论文，武汉理工大学，2007年。

111. 明荆：《中国与西方主要发达国家公务员培训的比较研究》，硕士学位论文，江西师范大学，2006年9月。

【网络文献】

112. "在北京市第二届人大理论研究会第二次会议上的讲话"，http://www.bjrd.gov.cn/zwzllyjh/llyjhyjhgz/201210/t20121019_109303.html，2013年2月16日最后访问。

113. "在北京市第二届人大理论研究会第二次会议上的讲话"，http://www.bjrd.gov.cn/zwzllyjh/llyjhyjhgz/201210/t20121019_109303.html，2013年2月16日。

114. 《沈阳选出6名中小学生代表，旁听人大会议（图）》[N]. 腾讯教育网：http://edu.qq.com/a/20060222/000055.htm. 2010年4月17日访问。

115. 英国青年议会官网，www.Ukyouthparliament.org.uk.，2013年11月13日访问。

116. 参见青年信息网：www.youthinformation.com，2014年2月16日访问。

117. 英国PSHE教育网站 http://www.pshe-association.org.uk/，2015年8月12日访问。

118. 维基百科，http://en.wikipedia.org/wiki/UK_Youth_Parliament，2013年11月21日访问。

119. 参见联合国官方网站，http://www.un.org/chinese/esa/social/youth/report1.htm，2013年11月23日访问。

120. 联合国青年议题，http://www.un.org/chinese/esa/social/youth/indicators.

htm，2013 年 11 月 23 日访问。

121. 北京市人大理论研究会：《人民代表大会制度在北京各区县实践情况的调研报告》。参见北京市人大官网：http://210.75.193.155/rdzw/information/exchange/theorydir.do?method=showInfoWeb&Id=2013156，2013 年 11 月 23 日访问。